我思

敢于运用你的理智

禅解儒道丛书

[明]憨山 著 ◎ 梅愚（点校）

老子道德经解

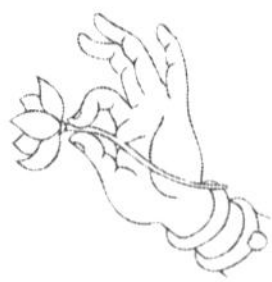

长江出版传媒
崇文書局

圖書在版編目（CIP）數據

老子道德经解 /（明）憨山著 ; 梅愚点校. -- 武汉 : 崇文书局, 2015.9（2025.9 重印）
ISBN 978-7-5403-3997-5

Ⅰ. ①老… Ⅱ. ①憨… ②梅… Ⅲ. ①道家②《道德经》—研究 Ⅳ. ①B223.15

中国版本图书馆 CIP 数据核字（2015）第 198675 号

老子道德经解

LAOZI DAODEJING JIE

策 划 人　梅文辉(mwh902@163.com)
责任编辑　梅文辉
封面设计　宋雪梅
责任印制　李佳超
出版发行　长江出版传媒｜崇文书局
地　　址　武汉市雄楚大街 268 号 C 座 11 层
电　　话　（027）87679712　　邮政编码　430070
印　　刷　武汉中科兴业印务有限公司
开　　本　880mm × 1230mm　1/32
印　　张　6
字　　数　75 千
版　　次　2015 年 9 月第 1 版
印　　次　2025 年 9 月第 12 次印刷
定　　价　24.00 元
（读者服务电话：027—87679738）

整理说明

一、本书以清光绪十二年（1886 年）金陵刻经处刊本为底本。

二、原书为繁体竖排，文中不分段；今改为简体（为避免歧义，保留了若干异体字、通假字）横排，并依文义予以分段，且施以现代标点。校正字词有讹误者，于脚注中标出。

三、书中《道德经》原文依据憨山的“解”进行句读，与通行的句读有诸多不同，这也是憨山解《道德经》的过人之处。如第一章中下面这段文字，依憨山的“解”应点为“故常无，欲以观其妙；常有，欲以观其徼。此两者同，出而异名，同谓之玄。玄之又玄，众妙之门”。

四、本书总体上由四部分构成：1.《老子道德经解（发题）》，2.《老子道德经解（上篇）》，3.《老子道德经解（下篇）》，4. 附录《观老庄影响论》。第一部分将“发明宗旨”“发明趣向”“发明工夫”“发明体用”“发明归趣”，总归为《老子道德经解（发题）》；第二、三部分是憨山对《道德经》原文的解；第四部分是篇独立的论文，金陵刻经处刊本一并收入，今从旧例。

五、为方便阅读，本书在《道德经》每章前添加章序号。

目　录

注道德经序 …… 1
老子传 …… 3

发　题

发明宗旨 …… 5
发明趣向 …… 6
发明工夫 …… 6
发明体用 …… 8
发明归趣 …… 10

上　篇

一章 …… 11
二章 …… 14
三章 …… 16
四章 …… 18
五章 …… 20
六章 …… 22
七章 …… 23
八章 …… 24
九章 …… 25
十章 …… 27
十一章 …… 30
十二章 …… 31

十三章 …………………………………………………… 32
十四章 …………………………………………………… 34
十五章 …………………………………………………… 36
十六章 …………………………………………………… 38
十七章 …………………………………………………… 40
十八章 …………………………………………………… 42
十九章 …………………………………………………… 44
二十章 …………………………………………………… 46
二十一章 ………………………………………………… 49
二十二章 ………………………………………………… 51
二十三章 ………………………………………………… 53
二十四章 ………………………………………………… 55
二十五章 ………………………………………………… 56
二十六章 ………………………………………………… 58
二十七章 ………………………………………………… 60
二十八章 ………………………………………………… 62
二十九章 ………………………………………………… 64
三十章 …………………………………………………… 66
三十一章 ………………………………………………… 68
三十二章 ………………………………………………… 70
三十三章 ………………………………………………… 72
三十四章 ………………………………………………… 74
三十五章 ………………………………………………… 75
三十六章 ………………………………………………… 77
三十七章 ………………………………………………… 78

下　篇

三十八章 ………………………………………………… 79
三十九章 ………………………………………………… 81

四十章 …………………………………………………… 83
四十一章 …………………………………………………… 84
四十二章 …………………………………………………… 86
四十三章 …………………………………………………… 88
四十四章 …………………………………………………… 89
四十五章 …………………………………………………… 90
四十六章 …………………………………………………… 92
四十七章 …………………………………………………… 93
四十八章 …………………………………………………… 94
四十九章 …………………………………………………… 95
五十章 …………………………………………………… 97
五十一章 …………………………………………………… 99
五十二章 ……………………………………………………101
五十三章 ……………………………………………………103
五十四章 ……………………………………………………105
五十五章 ……………………………………………………107
五十六章 ……………………………………………………109
五十七章 ……………………………………………………111
五十八章 ……………………………………………………113
五十九章 ……………………………………………………115
六十章 ……………………………………………………117
六十一章 ……………………………………………………119
六十二章 ……………………………………………………121
六十三章 ……………………………………………………123
六十四章 ……………………………………………………126
六十五章 ……………………………………………………128
六十六章 ……………………………………………………130
六十七章 ……………………………………………………132

六十八章 …… 135
六十九章 …… 137
七十章 …… 139
七十一章 …… 141
七十二章 …… 143
七十三章 …… 145
七十四章 …… 147
七十五章 …… 149
七十六章 …… 151
七十七章 …… 152
七十八章 …… 154
七十九章 …… 155
八十章 …… 156
八十一章 …… 158

附录：观老庄影响论

叙意 …… 160
论教源 …… 161
论心法 …… 162
论去取 …… 162
论学问 …… 164
论教乘 …… 164
论工夫 …… 167
论行本 …… 169
论宗趣 …… 170

注道德经序

予少喜读老庄，苦不解义。惟所领会处，想见其精神命脉，故略得离言之旨。及搜诸家注释，则多以己意为文，若与之角，则义愈晦。及熟玩庄语，则于老恍有得焉。因谓注乃人人之老庄，非老庄之老庄也。以老文简古而旨幽玄，则庄实为之注疏。苟能悬解，则思过半矣。

空山禅暇，细玩沉思，言有会心，即托之笔。必得义遗言，因言以见义。或经旬而得一语，或经年而得一章。始于东海，以至南粤，自壬辰以至丙午，周十五年乃能卒业。是知古人立言之不易也。

以文太简，故不厌贯通，要非枝也。尝谓儒宗尧舜，以名为教，故宗于仁义；老宗轩黄，道重无为，如云“失道德而后仁义”，此立言之本也。故庄之诽薄，殊非大言，以超俗之论则骇俗，故为放而不收也。当仲尼问礼，则叹为“犹龙”，圣不自圣，岂无谓哉？故老以无用为大用，苟以之经世，则化理治平，如指诸掌。尤以无为为宗极，性命为真修，即远世遗荣，殆非矫矫。苟得其要，则真妄之途，云泥自别。所谓“真以治身，绪余以为天下国家”，信非诬矣。

或曰："子之禅贵忘言，乃哓哓于世谛，何所取大耶？"予曰："不然。"鸦鸣鹊噪，咸自天机；蚁聚蜂游，都归神理。是则何语非禅，何法非道？况释智忘怀之谈，讵非入禅初地乎？且禅以我蔽，故破我以达禅，老则先登矣。若夫玩世蜉蝣，尤当以此为乐土矣。

注成，始刻于岭南，重刻于五云南岳与金陵，今则再刻于吴门。以尚之者众，故施不厌普矣。

老子传

按《史记》：

老子者，楚苦 音怙。县厉 音赖。乡曲仁里人也。姓李氏，名耳，字伯阳，谥曰聃。周守藏室之史也。亦云柱下史。

孔子适周，将问礼于老子。老子曰："子所言者，其人与骨皆已朽矣，独其言在耳。君子得其时则驾，不得其时则蓬累而行。蓬累，箬笠也。首戴之而行，言无车盖也。吾闻之，良贾深藏若虚，君子盛德，容貌若愚。去子之骄气与多欲，态色与淫志，是皆无益于子之身。吾所以告子者，若是而已。"

孔子去，谓弟子曰："鸟，吾知其能飞；鱼，吾知其能游；兽，吾知其能走。走者可以为网，游者可以为纶，飞者可以为矰。至于龙，吾不能知，其乘风云而上天。吾今见老子，其犹龙耶。"

老子修道德，其学以自隐无名为务。居周久之，见周之衰，乃遂去。至关，关令尹喜曰："子将隐矣，强为我著书。"于是老子遂著书上下篇，言道德之意五千余言，而去，莫知所终。

老子生周定王三年，母孕八十年而生，生而皓首，故称老子。

发 题

发明宗旨

老氏所宗，以虚无自然为妙道，此即《楞严》所谓“分别都无，非色非空，拘舍离等，昧为冥谛”者，是已。此正所云八识空昧之体也，以其此识，最极幽深，微妙难测，非佛不足以尽之，转此则为大圆镜智矣。菩萨知此，以止观而破之，尚有分证；至若声闻不知，则取之为涅槃；西域外道梵志不知，则执之为冥谛；此则以为虚无自然妙道也。

故经曰：“诸修行人，不能得成无上菩提，乃至别成声闻缘觉，诸天外道魔王及魔眷属，皆由不知二种根本，错乱修习。犹如煮沙，欲成佳馔，纵经尘劫，终不能得。云何二种？一者无始生死根本，则汝今者与诸众生，用攀缘心为自性者；二者无始涅槃元清净体，则汝今者识精元明，能生诸缘，缘所遗者。”

此言“识精元明”，即老子之妙道也，故曰“杳杳冥冥，其中有精，其精甚真”。由其此体，至虚至大，故非色；以能生诸缘，故非空。不知天地万物皆从此识变现，乃谓之自然；由不思议熏，不思议变，故谓之妙；至精不杂，故谓之真；天地坏而此体不坏，人身灭而此性常存，故谓之常；万物变化，皆出于此，故谓之天地之根，众妙之门。

凡遇书中所称真常玄妙、虚无大道等语，皆以此印证之，则自有归趣。不然，则茫若捕风捉影矣。故先示于此，临文不烦重出。

发明趣向

愚谓看老庄者，先要熟览教乘，精透《楞严》，融会吾佛破执之论，则不被他文字所惑。然后精修静定，工夫纯熟，用心微细，方知此老工夫苦切。然要真真实实看得身为苦本，智为累根，自能隳形释智，方知此老真实受用至乐处。更须将世事一一看破，人情一一觑透，虚怀处世，目前无有丝毫障碍，方见此老真实逍遥快活，广大自在，俨然一无事道人。然后不得已而应世，则不费一点气力，端然无为而治。观所以教孔子之言，可知已。

《庄子》一书，乃《老子》之注疏，故愚所谓老之有庄，如孔之有孟。是知二子所言，皆真实话，非大言也，故曰“吾言甚易知，甚易行；天下莫能知，莫能行”。而世之谈二子者，全不在自己工夫体会，只以语言文字之乎者也而拟之，故大不相及。要且学疏狂之态者有之，而未见有以静定工夫而入者，此其所谓“知我者希”矣。冀亲二子者，当作如是观。

发明工夫

《老子》一书，向来解者例以虚无为宗，及至求其入道工夫，茫然不知下手处。故予于首篇，将“观无”“观有”一“观”字，为入道之要，使学者易入。然观照之功最大，三教圣人皆以此示人。孔子则曰“知止而后有定”，又曰“明明德”，然知明，即了悟之意。佛言止观，则有三乘止观、人天止观，浅深之不同。若孔子乃人乘止观也，老子乃天乘止观也。

然虽三教止观浅深不同，要其所治之病，俱以先破我执为第一步工夫，以其世人尽以“我”之一字为病根。即智愚贤不肖，汲汲功名利禄之场，图为百世子孙之计，用尽机智，总之皆为一身之谋。如佛言“诸苦所因，贪欲为本，皆为我故”，老子亦曰“贵大患若身”。

以孔圣为名教宗主，故对中下学人，不敢轻言破我执，唯对颜子，则曰“克己”，其余但言“正心、诚意、修身”而已。然心既正，意既诚，身既修，以此施于君臣父子之间，各尽其诚，即此是道，所谓“为名教设”也。至若绝圣弃智，无我之旨，乃自受用地，亦不敢轻易举似于人，唯引而不发，所谓“若圣与仁，则吾岂敢”，又曰“吾有知乎哉？无知也。有鄙夫问于我，空空如也”。

至若极力为人处，则曰“克己”，则曰“毋意，毋必，毋固，毋我”，此四言者，肝胆毕露。然己者我私，意者生心，必者待心，固者执心，我者我心，克者尽绝，毋者禁绝之辞，教人尽绝此意、必、固、我四者之病也。以圣人虚怀游世，寂然不动；物来顺应，感而遂通；用心如镜，不将不迎；来无所粘，去无踪迹；身心两忘，与物无竞。此圣人之心也。

世人所以不能如圣人者，但有意、必、固、我四者之病，故不自在，动即是苦。孔子观见世人病根在此，故使痛绝之。即此之教，便是佛、老以无我为宗也。且“毋”字便是斩截工夫，下手最毒，即如法家禁令之言。毋得者，使其绝不可有犯，一犯便罪不容赦，只是学者不知耳。

至若吾佛说法，虽浩瀚广大，要之不出破众生粗细我、法二执而已。二执既破，便登佛地，即三藏经文，皆是破此二执之具。所破之执，即孔子之四病，尚乃粗执耳。世人不知，将谓别有玄妙也。

若夫老子超出世人一步，故专以破执立言，要人释智遗形，离欲清净。然所释之智，乃私智，即意、必也；所遗之形，即固、我也；所离之欲，即己私也。清净则廓然无碍，如太虚空，即孔子之大公也。是知孔、老心法未尝不符，第门庭施设，藩卫世教，不得不尔。以孔子专于经世，老子专于忘世，佛专于出世。然究竟虽不同，其实最初一步，皆以破我执为主，工夫皆由止观而入。

发明体用

或曰：“三教圣人教人，俱要先破我执，是则无我之体同矣。奈何其用，有经世、忘世、出世之不同耶？”答曰：“体用皆同，但有浅深小大之不同耳。”假若孔子果有我，是但为一己之私，何以经世？佛、老果绝世，是为自度，又何以利生？是知由无我方能经世，由利生方见无我，其实一也。

若孔子曰“寂然不动，感而遂通天下之故”，用也。明则诚，体也；诚则形，用也。心正意诚，体也；身修家齐国治天下平，用也。老子无名，体也；无为而为，用也。孔子曰："惟天惟大，唯尧则之。荡荡乎，民无能名焉。"又曰："无为而治者，其舜也欤。"且经世以尧舜为祖，此岂有名有为者耶？由无我方视天下皆我，故曰"尧、舜与人同耳"。以人皆同体，所不同者但有我私为障碍耳。由人心同此心，心同则无形碍，故汲汲为之教化，以经济之，此所以由无我而经世也。

老子则曰："常善教人，故无弃人。"无弃人，则人皆可以为尧舜，是由无我方能利生也。若夫一书所言"为而不宰"、"功成不居"等语，皆以无为为经世之大用，又何尝忘世哉？至若佛，则体包虚空，用周沙界，随类现身，乃曰："我于一切众生身中成等正觉。"又曰："度尽众生、方成佛道。"又曰："若能使一众生发菩提心，宁使我身受地狱苦，亦不疲厌。"然所化众生，岂不在世间耶？既涉世度生，非经世而何？且为一人而不厌地狱之苦，岂非汲汲耶？若无一类而不现身，岂有一定之名耶？列子尝云："西方有大圣人，不言而信，无为而化。"是岂有心要为耶？

是知三圣无我之体、利生之用皆同，但用处大小不同耳。以孔子匡持世道，姑从一身以及家国，后及天下，故化止于中国，且要人人皆做尧舜，以所祖者尧舜也。老子因见当时人心浇薄，故思复太古，以所祖者轩黄也，故件件说话，不同寻常，因见得道大难容，故远去流沙。若佛则教被三千世界，至广至大，无所拣择矣。若子思所赞圣人，乃曰："凡有血气者，莫不尊亲。"是知孔子体用，未尝不大，但局于时势耳。正是随机之法，故切近人情。此体用之辩也。

惜乎后世学者，各束于教，习儒者拘，习老者狂，学佛者隘。

此学者之弊，皆执我之害也。果能力破我执，则剖破藩篱，即大家矣。

发明归趣

愚尝窃谓孔圣若不知老子，决不快活；若不知佛，决不奈烦。老子若不知孔，决不口口说无为而治；若不知佛，决不能以慈悲为宝。佛若不经世，决不在世间教化众生。愚意孔、老即佛之化身也。后世学佛之徒，若不知老，则直管往虚空里看将去，目前法法都是障碍，事事不得解脱；若不知孔子，单单将佛法去涉世，决不知世道人情，逢人便说玄妙，如卖死猫头，一毫没用处。

故祖师亦云："说法不投机，终是闲言语。"所以《华严经》云"或边地语说四谛"，此佛说法未尝单夸玄妙也。然随俗以度生，岂非孔子经世之心乎？又经云："五地圣人，涉世度生，世间一切经书技艺、医方杂论、图书印玺，种种诸法，靡不该练，方能随机。"故曰："世谛语言，资生之业，皆顺正法。"

故儒以仁为本，释以戒为本。若曰"孝悌为仁之本"，与佛"孝名为戒"，其实一也。以此观之，佛岂绝无经世之法乎？由孔子攘夷狄，故教独行于中国；佛随边地语说四谛，故夷狄皆从其化。此所以用有大小不同耳。

是知三教圣人所同者心，所异者迹也。以迹求心，则如蠡测海；以心融迹，则似芥含空。心迹相忘，则万派朝宗，百川一味。

上篇

一 章

道，可道，非常道。名，可名，非常名。无名，天地之始；有名，万物之母。故常无，欲以观其妙；常有，欲以观其徼。此两者同，出而异名，同谓之玄。玄之又玄，众妙之门。

此章总言道之体用，及入道工夫也。老氏之学，尽在于此。其五千余言，所敷演者，唯演此一章而已。

所言“道”，乃真常之道。“可道”之“道”，犹言也。意谓真常之道，本无相无名，不可言说。凡可言者，则非真常之道矣，故非常道。且道本无名，今既强名曰“道”，是则凡可名者，皆假名耳，故非常名。此二句，言道之体也。

然无相无名之道，其体至虚，天地皆从此中变化而出，故为天地之始。斯则无相无名之道体，全成有相有名之天地，而万物尽从天地阴阳造化而生成，此所谓“一生二，二生三，三生万物”，故为万物之母。此二句，言道之用也。

此下二句，乃入道之工夫。常，犹寻常也。欲，犹要也。老子谓：“我寻常日用安心于无，要以观其道之妙处；我寻常日用安心于有，要以观其道之徼处。”徼，犹边际也。意谓全虚无之道体，既全成了有名之万物，是则物物皆道之全体所在，正谓一物一太极。是则只在日用目前，事事物物上，就要见道之实际，所遇无往而非道之所在，故庄子曰：“道在稊稗，道在屎尿。”如此深观，才见道之妙处。此二“观”字最要紧。

“此两者同”已下，乃释疑显妙。老子因上说观无观有，恐学人把“有”“无”二字看做两边，故释之曰“此两者同”。意谓我观无，不是单单观无，以观虚无体中，而含有造化生物之妙；我观有，不是单单观有，以观万物象上，而全是虚无妙道之理。是则有无并观，同是一体，故曰“此两者同”。

恐人又疑两者既同，如何又立“有”“无”之名，故释之曰“出而异名”。意谓虚无道体，既生出有形天地万物，而有不能生有，必因无以生有；无不自无，因有以显无。此乃有无相生，故二名不一，故曰“出而异名”。

至此恐人又疑既是有无对待，则不成一体，如何谓之妙道，故释之曰“同谓之玄”。斯则天地同根，万物一体，深观至此，岂不妙哉？

老子又恐学人工夫到此，不能涤除玄览，故又遣之曰“玄之又玄”。意谓虽是有无同观，若不忘心忘迹，虽妙不妙。殊不知大道体中，不但绝有无之名，抑且离玄妙之迹，故曰“玄之又玄”。

工夫到此，忘怀泯物，无往而不妙，故曰“众妙之门”，斯乃造道之极也。

似此一段工夫，岂可以区区文字者也之乎而尽之哉？此愚所谓须是静工纯熟，方见此中之妙耳。

二　章

天下皆知美之为美，斯恶已；皆知善之为善，斯不善已。故有无相生，难易相成，长短相形，高下相倾，音声相和，前后相随。是以圣人处无为之事，行不言之教。万物作焉而不辞，生而不有，为而不恃，功成而不居。夫惟不居，是以不去。

此释前章“可名，非常名”，以明世人居有为之迹，虚名不足尚；圣人处无为之道以御世，功不朽而真名常存之意也。

意谓天下事物之理，若以大道而观，本无美与不美，善与不善之迹。良由人不知“道”，而起分别取舍好尚之心，故有美恶之名耳。然天下之人，但知适己意者为美，殊不知在我以为美，自彼观之，则又为不美矣。譬如西施颦美，东施爱而效之，其丑益甚，此所谓“知美之为美，斯恶已”。恶，丑也。又如比干，天下皆知为贤善也，纣执而杀之，后世效之以为忠，杀身而不悔，此所谓“知善之为善，斯不善已”。此皆尚名之过也。是则善恶之名，因对待而有。

故名则有无相生，事则难易相成，物则长短相形，位则高下相倾，言则音声相和，行则前后相随，此乃必然之势。譬如世人以尺为长，以寸为短，假若积寸多于尺，则又名寸为长，而尺为短矣。凡物皆然，斯皆有为之迹耳。

凡可名者，皆可去，此所谓“名，可名，非常名”也。是以圣人知虚名之不足尚，故处无为之道以应事；知多言之不可用，故行不言之教以化民。如天地以无心而生物，即万物皆往资焉，不以物多而故辞；虽生成万物，而不以万物为己有；虽能生物，而不自恃其能；且四时推移，虽有成物之功，功成而不居。夫惟不居其功，故至功不朽；不尚其名，故真名常存。圣人处无为之道，亦由是也。盖“万物作焉”已下，皆是说天地之德，以比圣人之德。文意双关，庄子释此意极多。

三　章

不尚贤，使民不争。不贵难得之货，使民不为盗。不见可欲，使心不乱。是以圣人之治：虚其心，实其腹，弱其志，强其骨。常使民无知无欲，使夫知者不敢为也。为无为，则无不治。

此言世人竞有为之迹，尚名、好利、嗜欲之害，教君人者治之之方。以释上章“处无为之事，行不言之教”之实效也。

盖尚贤，好名也。名，争之端也，故曰“争名于朝”。若上不好名，则民自然不争。贵难得之货，好利也。利，盗之招也。若上不好利，则民自然不为盗，故曰“苟子之不欲，虽赏之不窃”。所以好名好利者，因见名利之可欲也，故动乱其心以争竞之。若在上者苟不见名利有可欲，则民亦各安其志，而心不乱矣，故曰“不见可欲，使心不乱”。

然利，假物也。人以隋珠为重宝，以之投雀，则飞而去之。色，妖态也。人以西施为美色，麋鹿则见而骤之。名，虚声也。人以崇高为贵名，许由则避而远之。食，爽味也。人以太牢为珍羞，海鸟则觞而悲之。是则财色名食，本无可欲，而人欲之者，盖由人心妄想思虑之过也。

是以圣人之治，教人先断妄想思虑之心，此则拔本塞源，故曰“虚其心”。然后使民安饱自足，心无外慕，故曰“实其腹”。然而人心刚强好争者，盖因外物诱之，而起奔竞之志也。故小人鸡鸣而起，孳孳为利；君子鸡鸣而起，孳孳为名，此强志也。然民既安饱自足，而在上者则以清净自正，不可以声色货利外诱民心，则民自绝贪求，不起奔竞之志，其志自弱，故曰“弱其志”。民既无求，则使之以凿井而饮，耕田而食，自食其力，故曰“强其骨”。

如此，则常使民不识不知，而全不知声色货利之可欲，而自然无欲矣，故曰“常使民无知无欲”。纵然间有一二黠滑之徒，虽知功利之可欲，亦不敢有妄为攘夺之心矣，故曰“使夫知者不敢为也”。如上所言，乃不言之教，无为之事也。人君苟能体此而行以治天下，则天下无不治者矣，故结之曰“为无为，则无不治”。

老子文法极古，然察其微意，盖多述古，或述其行事，或述其文辞。似此“为无为，则无不治”，乃述上古圣人之行事者。至若“是谓”等语，皆引古语以证今意，或以己意而释古语者。且其文法机轴，全在结句，是一篇主意。盖结句，即题目也。读者知此，则思过半矣。至其句法，有一字一句、二字一句、三字一句者极多。人不知此，都连牵读去，不但不得老子立言之妙，而亦不知文章之妙也。

四 章

道冲，而用之或不盈。渊兮，似万物之宗。挫其锐，解其纷。和其光，同其尘。湛兮，似或存。吾不知谁之子，象帝之先。

此赞道之体用微妙，而不可测知也。

冲，虚也。盈，充满也。渊，静深不动也。宗，犹依归也。谓道体至虚，其实充满天地万物，但无形而不可见，故曰“用之或不盈”。道体渊深寂漠，其实能发育万物，而为万物所依归，但生而不有，为而不宰，故曰“似万物之宗”。或、似，皆不定之辞。老子恐人将言语为实，不肯离言体道，故以此等疑辞以遣其执耳。

锐，即刚勇精锐。谓人刚锐之志，勇锐之气，精锐之智，此皆无物可挫，唯有道者能挫之，故曰“挫其锐”。如子房之博浪，其刚勇可知；大索天下而不得，其精锐可知。此其无可挫之者，唯见挫于圯上老人一草履耳。由子房得此而进之于汉，卒以无事取天下。吾意自庄周以下，而功名之士，得老氏之精者，唯子房一人而已。以此较之，周善体而良善用，方朔得之，则流为诡矣。

其他何足以知之。

纷，谓是非纷扰，即百氏众口之辩也。然各是其是，各非其非，此皆无人解之者，唯有道者，以不言之辩而解之，所谓“大辩若讷”。以道本无言，而是非自泯，故曰“解其纷”。

和，混融也。光，智识炫耀于外。即所谓“饰智惊愚，修身明污”者，是也。唯有道者，韬光内照，光而不耀，所谓“众人昭昭，我独若昏；众人察察，我独闷闷”，故曰“和其光”。与俗混一而不分，正谓“呼我以牛，以牛应之；呼我以马，以马应之”，故曰“同其尘”。

然其道妙用如此，变化无方，而其体则湛然不动，虽用而无迹，故曰“湛兮，或存”。要妙如此，而不知其所从来，故曰“吾不知谁之子”。且而不是有形之物，或象帝之先耶？帝，即天帝。象，或似也。

愚谓此章赞道体用之妙，且兼人而释者。盖老子凡言道妙，全是述自己胸中受用境界，故愚亦兼人而解之。欲学者知此，可以体认做工夫，方见老子妙处。字字皆有指归，庶不为虚无孟浪之谈也。

五　章

天地不仁，以万物为刍狗。圣人不仁，以百姓为刍狗。天地之间，其犹橐籥乎，虚而不屈，动而愈出。多言数穷，不如守中。

此言天地之道，以无心而成物；圣人之道，以忘言而体玄也。

仁，好生爱物之心。刍狗，乃缚刍为狗，以用祭祀者。且天地、圣人，皆有好生爱物之仁。而今言不仁者，谓天地虽是生育万物，不是有心要生，盖由一气当生，不得不生，故虽生而不有。譬如刍狗，本无用之物，而祭者当用，不得不用，虽用而本非有也，故曰“天地不仁，以万物为刍狗”。

圣人虽是爱养百姓，不是有心要爱，盖由同体当爱，不得不爱，虽爱而无心。譬如刍狗，虽虚假之物，而尸之者当重，不得不重，虽重而知终无用也，故曰“圣人不仁，以百姓为刍狗”。

犹，似也。橐，即皮韛，乃鼓风铸物之器。籥，即管籥，乃承气出音之器。屈，枉己从人之意。动，犹感触也。谓橐籥二物，其体至虚而有用，未尝恃巧而好为，故用不为伸，不用则虚以自处，置之而亦不自以为屈，故曰“虚而不屈”。且人不用则已，若用之，则触动其机，任其造作而不休，故曰“动而愈出”。

然道在天地，则生生而不已；道在圣人，则既已为人己愈有，既已与人己愈多。大道之妙如此，惜乎谈道者，不知虚无自然之妙，方且众口之辩说，说而不休，去道转远，故曰“多言数穷”。不若忘言以体玄，故曰“不若守中”。盖守中，即进道之功夫也。

六　章

谷神不死，是谓玄牝。玄牝之门，是谓天地根。绵绵若存，用之不勤。

此言道体常存，以释上章“虚而不屈，动而愈出”之意也。

谷，虚而能应者。以譬道体至虚，灵妙而不可测，亘古今而长存，故曰“谷神不死”。且能生天生地，万物生生而不已，故曰“是谓玄牝”。牝，物之雌者，即所谓“万物之母”也。

门，即出入之枢机。谓道为枢机，万物皆出于机，入于机，故曰“玄牝之门，是谓天地根”。

绵，幽绵不绝之意。谓此道体至幽至微，绵绵而不绝，故曰“若存”。愈动而愈出，用之不竭，故曰“不勤”。凡有心要作，谓之勤。盖道体至虚，无心而应用，故不勤耳。

七 章

天长地久。天地所以长且久者，以其不自生，故能长生。是以圣人后其身而身先，外其身而身存。非以其无私耶？故能成其私。

此言天地以不生故长生，以比圣人忘身故身存也。

意谓世人各图一己之私，以为长久计，殊不知有我之私者，皆不能长久也。何物长久？唯天地长久。然天地所以长久者，以其不自私其生，故能长生。其次则圣人长久，是以圣人体天地之德，不私其身以先人，故人乐推而不厌，故曰“后其身而身先”。圣人不爱身以丧道，故身死而道存，道存则千古如生，即身存也，故曰“外其身而身存”。

老子言此，乃审问之曰：“此岂不是圣人以无私而反成其私耶？”且世人营营为一身之谋，欲作千秋之计者，身死而名灭，是虽私，不能成其私，何长久之有？

八　章

上善若水。水善，利万物而不争。处众人之所恶，故几于道矣。居善地，心善渊，与善仁，言善信，政善治，事善能，动善时。夫惟不争，故无尤。

此言不争之德，无往而不善也。

上，最上。谓谦虚不争之德最为上善，譬如水也，故曰“上善若水”。水之善，妙在利万物而不争。不争，谓随方就圆，无可不可，唯处于下。然世人皆好高而恶下，唯圣人处之，故曰“处众人之恶，故几于道”。几，近也。

由圣人处谦下不争之德，故无往而不善。居则止于至善，故曰“善地”。心则渊静深默，无往而不定，故曰“善渊”。与，犹相与。谓与物相与，无往而非仁爱之心，故曰“与善仁”。言无不诚，故曰“善信”。为政不争，则行其所无事，故曰“善治”。为事不争，则事无不理，故曰“善能”。不争，则用舍随时，迫不得已而后动，故曰“善时”。不争之德如此，则无人怨，无鬼责，故曰“夫惟不争，故无尤”矣。

九 章

持而盈之，不如其已。揣而锐之，不可长保。金玉满堂，莫之能守。富贵而骄，自遗其咎。功成名遂身退，天之道。

此言知进而不知退者之害，诫人当知止可也。

“持而盈之，不如其已”者，谓世人自恃有持满之术，故贪位慕禄，进进而不已，老子意谓虽是能持，不若放下休歇为高，故不如其已。倘一旦祸及其身，悔之不及，即若李斯临刑，顾谓其子曰：“吾欲与若复牵黄犬，出上蔡东门逐狡兔，岂可得乎？”此盖恃善持其盈而不已者之验也。故云“知足常足，终身不辱；知止常止，终身不耻”，此之谓也。

“揣而锐之，不可长保”者，揣，揣摩；锐，精其智思。如苏、张善揣摩之术者是也。谓世人以智巧自处，恃其善于揣摩，而更益其精锐之思，用智以取功名，进进而不已。老子谓虽是善能揣摩，毕竟不可长保。如苏、张纵横之术，彼此相诈，不旋踵而身死名灭，此盖揣锐之验也。

如此不知止足之人，贪心无厌，纵得金玉满堂，而身死财散，故曰“莫之能守”。纵然位极人臣，而骄泰以取祸，乃自遗其咎。此盖知进不知退者之害也。

人殊不知天道恶盈而好谦，独不见四时乎？成功者退，人若功成名遂而身退，此乃得天之道也。

十　章

载营魄，抱一能无离乎？专气致柔，能如婴儿乎？涤除玄览，能无疵乎？爱民治国，能无为乎？天门开阖，能无雌乎？明白四达，能无知乎？生之畜之，生而不有，为而不恃，长而不宰，是谓玄德。

此章教人以造道之方，必至忘知绝迹，然后方契玄妙之德也。

载，乘也。营，旧注为魂，《楚辞》云“魂识路之营营”，盖营营，犹言惺惺，扰动貌。然魂动而魄静，人乘此魂魄而有思虑妄想之心者，故动则乘魂，营营而乱想；静则乘魄，昧昧而昏沉。是皆不能抱一也。故《楞严》曰“精神魂魄，递相离合”，是也。今抱一者，谓魂魄两载，使合而不离也。魂与魄合，则动而常静，虽惺惺而不乱想；魄与魂合，虽静而常动，虽寂寂而不昏沉。道若如此，常常抱一而不离，则动静不异，寤寐一如。老子审问学者做工夫能如此乎。乎者，责问之辞。

“专气致柔”，专，如专城之专，谓制也。然人赖气而有生，以妄有缘气，于中积聚，假名为心。气随心行，故心妄动则气益刚，气刚而心益动，所谓“气壹则动志”。学道工夫，先制其气不使妄动以薰心，制其心不使妄动以鼓气，心静而气自调柔。工夫到此，则怒出于不怒矣，如婴儿号而不嗄也。故老子审问其人之工夫能如此乎。

“涤除玄览”，玄览者，谓前抱一、专气工夫，做到纯熟，自得玄妙之境也。若将此境览在胸中，执之而不化，则反为至道之病。只须将此亦须洗涤，净尽无余，以至于忘心绝迹，方为造道之极。老子审问能如此乎。

此三句，乃入道工夫，得道之体也。老子意谓道体虽是精明，不知用上何如，若在用上无迹，方为道妙，故向下审问其用。

然爱民治国，乃道之绪余也。所谓“道之真以治身，其绪余土苴以为天下国家”，故圣人有天下而不与，爱民治国，可无为而治。老子审问能无为乎。若不能无为，还是不能忘迹，虽妙而不妙也。

天门，指天机而言。开阖，犹言出入应用之意。雌，物之阴者，盖阳施而阴受，乃留藏之意。盖门有虚通出入之意，而人心之虚灵，所以应事接物，莫不由此天机发动。盖常人应物，由心不虚，凡事有所留藏，故心日茆塞。庄子谓：“室无空虚，则妇姑勃蹊；心无天游，则六凿相攘。”此言心不虚也。然圣人用心如镜，不将不迎，来无所粘，去无踪迹，所谓“应而不藏”，此所谓“天门开阖而无雌”也。老子审问做工夫者能如此乎。

“明白四达”，谓智无不烛也。然常人有智，则用智于外，炫耀见闻。圣人智包天地，而不自有其知，谓含光内照，故曰“明白四达而无知”。老子问人能如此乎。

然而学道工夫做到如此，体用两全，形神俱妙，可谓造道之极。其德至妙，可以合乎天地之德矣。且天地之德，生之畜之，虽生而不有，虽为而不恃，虽长而不宰。圣人之德如此，可谓玄妙之德矣。

十一章

三十辐共一毂，当其无，有车之用。埏埴以为器，当其无，有器之用。凿户牖以为室，当其无，有室之用。故有之以为利，无之以为用。

此言世人但知有用之用，而不知无用之用也。

意谓人人皆知车毂有用，而不知用在毂中一窍；人人皆知器之有用，而不知用在器中之虚；人人皆知室之有用，而不知用在室中之空。以此为譬，譬如天地有形也，人皆知天地有用，而不知用在虚无大道。亦似人之有形，而人皆知人有用，而不知用在虚灵无相之心。

是知有虽有用，而实用在无也；然无不能自用，须赖有以济之，故曰“有之以为利，无之以为用”。利，犹济也。

老氏之学，要即有以观无。若即有以观无，则虽有而不有，是谓道妙，此其宗也。

十二章

五色令人目盲，五音令人耳聋，五味令人口爽。驰骋田猎，令人心发狂。难得之货，令人行妨。是以圣人为腹不为目，故去彼取此。

此言物欲之害，教人离欲之行也。

意谓人心本自虚明，而外之声色、饮食、货利，亦本无可欲，人以为可欲而贪爱之。故眼则流逸奔色，而失其正见，故盲；耳则流逸奔声，而失其真闻，故聋；舌则流逸奔味，而失其真味，故爽；心则流逸奔境，而失其正定，故发狂；行则逐于货利，而失其正操，故有妨。所谓“利令智昏”，是皆以物欲丧心，贪得而无厌者也。

圣人知物欲之为害，虽居五欲之中，而修离欲之行，知量知足，如偃鼠饮河，不过实腹而已。不多贪求，以纵耳目之观也。谚语有之：“罗绮千箱，不过一暖；食前方丈，不过一饱。”其余皆为荣观而已，故云“虽有荣观，燕处超然”。是以圣人为腹不为目，去贪欲之害，而修离欲之行，故去彼取此。

十三章

宠辱若惊，贵大患若身。何谓宠辱若惊？宠为下，得之若惊，失之若惊，是谓宠辱若惊。何谓贵大患若身？吾所以有大患者，为吾有身，及吾无身，吾有何患。故贵以身为天下，则可寄于天下；爱以身为天下，乃可托于天下。

此言名利之大害，教人重道忘身以袪累也。

“宠辱若惊”者，望外之荣曰宠。谓世人皆以宠为荣，却不知宠乃是辱，以其若惊。惊，心不安貌。“贵大患若身”者，崇高之位曰贵，即君相之位。谓世人皆以贵为乐，却不知贵乃大患之若身。以身喻贵，谓身为苦本，贵为祸根，言必不可免也。

此二句立定，向下征而释之曰：何谓宠是辱之若惊耶？宠为下，谓宠乃下贱之事耳。譬如僻幸之人，君爱之以为宠也，虽卮酒脔肉必赐之。非此，不见其为宠。及其赐也，必叩头而啖之，将以为宠。彼无宠者，则傲然而立。以此较之，虽宠实乃辱之甚也，岂非下耶？故曰“宠为下”。且而未得之也，患得之；既得之也，患失之。是则竞竞得失于眉睫之间，其心未尝暂自安。由此观之，何荣之有，故曰“得之若惊，失之若惊”。此其所以宠是辱也。

“贵大患若身”者，是以身之患，喻贵之患也。然身，乃众患之本，既有此身，则饥寒病苦，死生大患，众苦皆归，必不可免，故曰“吾所以有大患者，为吾有身”。无身，则无患矣，故曰“及吾无身，吾有何患”。然位，乃祸之基也，既有此位，则是非交谪，冰炭攻心，众毁齐至，内则残生伤性以灭身，外则致寇招尤以取祸，必不可逃，故曰“吾所以有大患者，为吾有贵”。无贵，则无患矣，故曰“贵大患若身”。

《笔乘》引王子搜“非恶为君也，恶为君之患”也，盖言贵为君人之患。庄子曰：“千金重利，卿相尊位也。子独不见郊祀之牺牛乎？养食之数岁，衣以文绣，以入太庙，当是之时，虽欲为狐豚，岂可得乎？”斯言贵为卿相者之患。老子言苟知身为大患不可免，则知贵为大患，亦不可免也。然且世人不知贵为大患，反以为荣，爱身取贵，以致终身之累，皆非有道之所为也。

唯有道者，不得已而临莅天下，不以为己显。虽处其位，但思道济苍生，不以为己荣。此则贵为天下贵，非一己之贵。如此之人，乃可寄之以天下之任。然有道者，处崇高之位，虽爱其身，不是贪位慕禄以自保，实所谓卫生存身以行道。是则爱身，乃为天下爱其身，非私爱一己之身。如此之人，乃可托以天下之权。若以此为君，则无为而治；以此为臣，则功大名显，故道为天下贵也。故曰“贵以身为天下，则可寄于天下；爱以身为天下，乃可托于天下”。

十四章

视之不见，名曰夷；听之不闻，名曰希；搏之不得，名曰微。此三者，不可致诘，故混而为一。其上不皦，其下不昧。绳绳兮，不可名，复归于无物。是谓无状之状，无象之象，是谓惚恍。迎之不见其首，随之不见其后。执古之道，以御今之有。能知古始，是谓道纪。

此言大道体虚，超乎声色、名相、思议之表，圣人执此以御世也。

夷，无色也，故视之不可见。希，无声也，故听之不可闻。微，无相也，故搏之不可得。搏，取之也。此三者，虽有此名，其实不可致诘。致诘，犹言思议。由其道体混融而不可分，故为一。

其上日月不足以增其明，故不皦。皦，明也。其下幽暗不能以昏其体，故不昧。绳绳，犹绵绵不绝之意。谓道体虽绵绵不绝，其实不可名言，毕竟至虚，虽生而不有，故复归于无物。

杳冥之内，而至精存焉，故曰“无状之状”。恍惚之中，而似有物焉，故曰“无象之象，是谓惚恍”。此正《楞严》所谓“罔象虚无，微细精想”耳。由其此体，前观无始，故“迎之不见其首”；后观无终，故“随之不见其后”。此乃古始之道也。

上皆历言大道之妙，下言得道之人。然圣人所以为圣人者，盖执此妙道以御世，故曰“执古之道，以御今之有”。吾人有能知此古始之道者，即是道统所系也，故曰“能知古始，是谓道纪”。纪，纲纪，谓统绪也。

十五章

古之善为士者，微妙玄通，深不可识。夫惟不可识，故强为之容：豫若冬涉川，犹若畏四邻，俨若客，涣若冰将释，敦兮其若朴，旷兮其若谷，浑兮其若浊。孰能浊以静之徐清，孰能安以久之徐生？保此道者不欲盈。夫惟不盈，故能敝不新成。

此言圣人体道深玄，故形神俱妙。

人能静定虚心，则故有常存也。庄子谓："嗜欲深者天机浅。"盖今世俗之人，以利欲熏心，故形气秽浊粗鄙，固执而不化，不得微妙玄通。故天机浅露，极为易见，殆非有道气象，皆是不善为士也。老子因谓古之善为士者，不浅露易见，乃微妙玄通，深不可识。

夫为不可识，最难形容，特强为之形容耳。然形容其行动也，豫若冬涉川，犹若畏四邻。犹豫，行不进貌。冬涉川，谓不敢遽进；畏四邻，谓不敢妄动。此乃从容不迫之意。其威仪也，俨若客。俨，谓肃然可观。若客，谓谦退不敢直前。其气也，涣若冰将释。庄子谓"暖然似春"，又云"冰解冻释"，谓其气融和，使可亲爱之意。其外貌也，敦兮其若朴。敦，敦厚。朴，无文饰也。其中心也，旷兮其若谷。旷，空也。谷，虚也。外体敦厚朴素，而中心空虚寂定也。其迹也，浑兮其若浊。浑，与混同，谓和光同尘也。盖有道之士，心空无著，故行动威仪，气象体段，胸次悠然，微妙玄通之若此，所谓"孔德之容，惟道是从"，故可观而不可识。世俗之人，以功名利禄交错于前，故形气秽浊，而不可观。

老子因而愍之曰："孰能于此浊乱之中，恬退自养，静定持心，久久而徐清之耶？"盖心水汩昏，以静定治之则清，所谓"如澄浊水，沙土自沉，清水现前，名为初伏客尘烦恼"。不能顿了，故曰徐清。人皆竞进于功利之间，老子谓："孰能安定自守，久久待时而后生耶？"生，乃发动，谓应用也，即圣人迫不得已而后应之意。《笔乘》谓老子文法多叶韵，盖"清""生""盈""成"，一韵耳。若言徐动、徐应，则不叶矣。

老子嗟叹至此，乃教之以守道之方曰："保此道者不欲盈。"盈，满也。欲盈，乃贪得无厌，不知止足之意。谓世人但知汩汩于嗜欲，贪得不足，殊不知天道忌盛，满则溢矣。所谓"持而盈之，不如其已"，故此教之以不欲盈也。

后乃结示知足常足之意，曰："夫惟不盈，是以能敝不新成。"敝，故敝，物之旧者谓之敝。凡物旧者，最持久，能奈风霜磨折；而新成者，虽一时鲜明，不久便见损坏。老子谓世人多贪好盈，虽一时荣观快意，一旦祸及，则连本有皆失之矣。惟有道者，善知止足。虽无新成之名利，而在我故有现成之物，则可常常持之而不失矣，故曰"能敝不新成"。观子房请留辟谷之事，可谓能敝不新成者，此余所谓子房得老之用也。

十六章

致虚，极；守静，笃。万物并作，吾以观其复。夫物芸芸，各归其根。归根曰静，静曰复命，复命曰常，知常曰明。不知常，妄作凶。知常容，容乃公，公乃王，王乃天，天乃道，道乃久。没身不殆。

此承上章要人作静定功夫，此示功夫之方法也。

“致虚，极；守静，笃”者，致，谓推致推穷之意；虚，谓外物本来不有；静，谓心体本来不动。世人不知外物本来不有，而妄以为实，故逐物牵心，其心扰扰妄动。火驰而不返，见利亡形，见得亡真，故竞进而不休，所以不能保此道也。今学道工夫，先要推穷目前万物，本来不有，则一切声色货利，当体全是虚假不实之事。如此推穷，纵有亦无，一切既是虚假，则全不见有可欲之相。既不见可欲，则心自然不乱，而永绝贪求，心闲无事。如此守静，可谓笃矣。故致虚要极，守静要笃也。

老子既勉人如此做工夫，恐人不信，乃自出己意曰：“我之工夫亦无他术，唯只是万物并作，吾以观其复，如此而已。”并作，犹言并列于前也。然此目前万物本来不有，盖从无以生有，虽千态万状，并列于前，我只观得当体全无，故曰“万物并作，吾以观其复”。复，谓心不妄动也。

向下又自解之曰：“夫物芸芸，各归其根。”意谓目前万物虽是暂有，毕竟归无，故云“各归其根”。根，谓根本元无也。物既本无，则心亦不有，是则物我两忘，寂然不动，故曰“归根曰静，静曰复命”。命，乃当人之自性，赖而有生者。然人虽有形，而形本无形，能见无形，则不独忘世，抑且忘身，身世两忘，则自复矣，故云“静曰复命”。性，乃真常之道也，故云“复命曰常”。人能返观内照，知此真常妙性，才谓之明，故云“知常曰明”。由人不知此性，故逐物妄生，贪欲无厌，以取戕生伤性、亡[1]身败家之祸，故曰“不知常，妄作凶”。

人若知此真常之道，则天地同根，万物一体，此心自然包含天地万物，故曰“知常容”。人心苟能广大如此，则民吾同胞，物吾与也，其心廓然大公，则全不见有我之私，故曰“容乃公”。此真常大道，人若得之于内，则为圣；施之于外，则为王，故曰“公乃王”。王乃法天行事，合乎天心，故曰“王乃天”。天法道，合乎自然，故曰“天乃道”。与天地参，故曰“道乃久”。人得此道，则身虽死而道常存，故曰“没身不殆”。殆，尽也。且此真常之道，备在于我，而人不知，反乃亡身殉物，嗜欲而不返，岂不谬哉？

①“亡”，原作“忘”，据文义改。

十七章

太上下，知有之；其次亲之，誉之；其次畏之；其次侮之。故信不足焉，有不信。犹兮其贵言。功成事遂，百姓皆曰我自然。

此言上古无知无识，故不言而信；其次有知有识，故欺伪日生。老子因见世道日衰，想复太古之治也。

“大上下，知有之”者，谓上古洪荒之世，其民浑然无伪，与道为一，全不知有。既而混沌日凿，与道为二，故知有之，是时虽知有，犹未离道，故知而不亲。其世再下，民去道渐疏，始有亲之之意，是时虽知道之可亲，但亲于道，而人欲未流，尚无是非毁誉之事。其世再下，而人欲横流，盗贼之行日生，故有桀跖之非毁，尧舜之是誉，是时虽誉，犹且自信而不畏。其世再下，而人欲固蔽，去道益远，而人皆畏道之难亲。故孔子十五而志于学，至七十而方从心；即颜子好学，不过三月不违仁，其余则日月至焉。可见为道之难，而人多畏难而苟安也，是时虽畏，犹知道之不敢轻侮。其世再下，则人皆畔道而行，但以功名利禄为重，全然不信有此道矣。

老子言及至此，乃叹之曰："此无他，盖由在上者自信此道不足，故在下者不信之耳。"然民既已不信矣，而在上者，就当身体力行无为之道，以启民信，清净自正，杜民盗贼之心，可也。不能如此，见民奸盗日作，犹且多彰法令，禁民为非，而责之以道德仁义为重，愈责愈不信矣，岂不谬哉？故曰"犹兮其贵言"。贵，重也。此上乃历言世道愈流愈下。

此下乃想复太古无为之治，曰："斯皆有为之害也。安得太古无为之治，不言而信，无为而成，使其百姓日出而作，日入而息，凿井而饮，耕田而食，人人功成事遂，而皆曰我自然耶？"

盖老氏之学，以内圣外王为主，故其言多责为君人者，不能清静自正，启民盗贼之心。苟能体而行之，真可复太古之治。

十八章

大道废，有仁义。智慧出，有大伪。六亲不和，有孝慈。国家昏乱，有忠臣。

此承上章言世道愈流愈下，以释“其次亲之，誉之”之意也。

大道无心爱物，而物物各得其所；仁义则有心爱物，即有亲疏区别之分，故曰“大道废，有仁义”。

智慧，谓圣人治天下之智巧，即礼乐、权衡、斗斛、法令之事。然上古不识不知，而民自朴素。及乎中古，民情日凿，而治天下者，乃以智巧设法以治之。殊不知智巧一出，而民则因法作奸，故曰“智慧出，有大伪”。

上古虽无孝慈之名，而父子之情自足。及乎衰世之道，为父不慈者众，故立慈以规天下之父；为子不孝者众，故以立孝以教天下之子。是则孝慈之名，因六亲不和而后有也。

盖忠臣以谏人主得名。上古之世，君道无为而天下自治，臣道未尝不忠，而亦未尝以忠立名。及乎衰世，人君荒淫无度，虽有为而不足以治天下，故臣有杀身谏诤，不足以尽其忠者。是则忠臣之名，因国家昏乱而有也。

此老子因见世道衰微，思复太古之治，殆非愤世励俗之谈也。

十九章

绝圣弃智，民利百倍。绝仁弃义，民复孝慈。绝巧弃智，盗贼无有。此三者以为文不足，故令有所属。见素抱朴，少思寡欲。

此承前章而言智不可用，亦不足以治天下也。

然中古圣人，将谓百姓不利，乃为斗斛、权衡、符玺、仁义之事，将利于民，此所谓圣人之智巧矣。殊不知民情日凿，因法作奸，就以斗斛、权衡、符玺、仁义之事，窃以为乱。方今若求复古之治，须是一切尽去，端拱无为，而天下自治矣。

且圣智本欲利民，今既窃以为乱，反为民害，弃而不用，使民各安其居，乐其业，则享百倍之利矣。且仁义本为不孝不慈者劝，今既窃之以为乱，苟若弃之，则民有天性自然之孝慈可复矣。此即庄子所谓“虎狼，仁也”，意谓虎狼亦有天性之孝慈，不待教而后能，况其人为物之灵乎？且智巧本为安天下，今既窃为盗贼之资，苟若弃之，则盗贼无有矣。

然圣智、仁义、智巧之事，皆非朴素，乃所以文饰天下也。今皆去之，似乎于文则不足，于朴素则有余。因世人不知朴素浑全之道，故逐逐于外物，故多思多欲。今既去华取实，故令世人心志有所系属于朴素之道。若人人果能见素抱朴，则自然少思寡欲矣。

若知老子此中道理，只以庄子《马蹄》《胠箧》作注解，自是超足。

二十章

绝学无忧。唯之与阿，相去几何？善之与恶，相去何若？人之所畏，不可不畏。荒兮，其未央哉。众人熙熙，如享太牢，如登春台。我独泊兮其未兆，如婴儿之未孩。乘乘兮，若无所归。众人皆有余，而我独若遗。我愚人之心也哉。沌沌兮，俗人昭昭，我独昏昏；俗人察察，我独闷闷。澹兮其若海，飂兮似无所止。众人皆有以，我独顽且鄙。我独异于人，而贵求食于母。

此承前二章言圣智之为害，不但不可用，且亦不可学也。

然世俗无智之人，要学智巧仁义之事，既学于己，将行其志，则劳神焦思，汲汲功利，尽力于智巧之间，故曰“巧者劳而智者忧，无知者又何所求”。是则有学则有忧，绝学则无忧矣。然圣人虽绝学，非是无智，但智包天地而不用，顺物忘怀，澹然无欲，故无忧。世人无智而好用，逐物忘道，汩汩于欲，故多忧耳。斯则忧与无忧，端在用智不用智之间而已，相去不远。譬夫“唯”之与“阿”，皆应人之声也，相去能几何哉？以“唯”敬而“阿”慢。

忧与无忧，皆应物之心也，而圣凡相隔，善恶相反，果何如哉？此所谓“差之毫厘，失之千里”也。

老子言及至此，恐世俗将谓绝学，便是瞢然无知，故晓之曰：“然虽圣人绝学，不是瞢然无知，其实未尝不学也。”但世俗以增长知见，日益智巧，驰骋物欲以为学；圣人以泯绝知见，忘情去智，远物离欲以为学耳。

且夫声色货利，皆伤生害道之物，世人应当可畏者，我则不可不畏，惧而远之，故曰“人之所畏，不可不畏”。苟不知畏，汩没于此，荒淫无度，其害非细，故曰“荒兮，其未央哉”。央，尽也。由是观之，世人以增益知见为学，圣人以损情绝欲为学，所谓“为学日益，为道日损，损之又损，以至于无为”耳。众人忘道逐物，故汩汩于物欲之间，酷嗜无厌，熙熙然如享太牢之味，以为至美；方且荣观不休，如登春台之望，以为至乐。

老子谓：“我独离物向道，泊于物欲未萌之前，不识不知，超然无欲。”故曰“我独泊兮其未兆，若婴儿之未孩”。兆，念之初萌也。婴儿，乃无心识爱恶之譬。孩，犹骸骨之骸。未骸，所谓骨弱筋柔，乃至柔之譬。众人见物可欲，故其心执著而不舍，老子谓：“我心无欲，了无系累，泛然应物，虚心游世，若不系之舟。”故曰“乘乘兮，若无所归”。乘乘，犹泛泛也。众人智巧多方，贪得无厌，故曰“有余”；我独忘形去智，故曰“若遗”。遗，犹忘失也。

然我无知无我，岂真愚人之心也哉？但只浑浑沌沌，不与物辨，如此而已。故众人昭昭，而我独若昏。昭昭，谓智巧现于外也。俗人察察，而我独闷闷。察察，即俗谓分星擘两、丝毫不饶人之意。昏昏、闷闷，皆无知貌。我心如此，澹然虚明，若海之空阔不可涯量；飂然无著，若长风之御太虚。众人皆自恃聪明知见，各有所以。以，犹自恃也。我独无知无欲，顽而且鄙，亦似庸常之人而已。

然我所以独异于人者，但贵求食于母耳。凡能生物者，谓之母；所生者，谓之子。且此“母”字，不可作“有名，万物之母”的“母”字，此指虚无大道，能生天地万物，是以道为母，而物为子。食，乃嗜好之意。众人背道逐物，如弃母求食于子；圣人忘物体道，故独求食于母。此正绝学之学，圣人如此，所以忧患不能入也。

前章“绝圣弃智”，乃无用之用；此章“绝学无忧”，乃无学之学；后章“孔德之容”一章，乃无形名之形名耳。

二十一章

孔德之容，惟道是从。道之为物，惟恍惟惚。惚兮恍，其中有象；恍兮惚，其中有物。窈兮冥，其中有精；其精甚真，其中有信。自古及今，其名不去，以阅众甫。吾何以知众甫之然哉，以此。

此章言道乃无形名之形名也。

孔，犹盛也。谓道本无形，而有道之士，和气集于中，英华发现于外，而为盛德之容。且此德容，皆从道体所发，即是道之形容也，故曰“孔德之容，惟道是从”。

然此道体本自无形，又无一定之象可见，故曰“道之为物，惟恍惟惚”。恍惚，谓似有若无，不可定指之意。然且无象之中，似有物象存焉，故曰“惚兮恍，其中有象；恍兮惚，其中有物”。

其体至深至幽，不可窥测，且此幽深杳冥之中，而有至精无妄之体存焉，故曰“杳[1]兮冥，其中有精”。“其精甚真”，此正《楞

① “杳”，宜作“窈”。

严》所谓“唯一精真”，“精色不沉，发现幽秘，此则名为识阴区宇”也，学者应知。然此识体虽是无形，而于六根门头，应用不失其时，故曰“其中有信”。

此上皆无形之形，下言无名之名。谓世间众美之名自外来者，皆是假名无实，故其名易去。惟此道体有实有名，故自古及今，其名不去，以阅众甫也。阅，犹经历。甫，美也。谓众美皆具。是以圣人功流万世而名不朽者，以其皆从至道体中流出故耳。其如世间王侯将相之名，皆从人欲中来，故其功亦朽，而名亦安在哉？

唯有道者，不期于功而功自大，不期于名而名不朽。是知圣人内有大道之实，外有盛德之容，众美皆具，惟自道中而发也，故曰“吾何以知众甫之然哉，以此”。

二十二章

曲则全，枉则直，洼则盈，敝则新。少则得，多则惑，是以圣人抱一为天下式。不自见故明，不自是故彰，不自伐故有功，不自矜故长。夫惟不争，故天下莫能与之争。古之所谓曲则全者，岂虚言哉？诚全而归之。

此承前章言圣人所以道全德备、众美皆具者，盖由虚心体道，与物无竞，故众德交归也。

曲，委曲，即“曲成万物而不遗”之意。谓圣人委曲以御世，无一事不尽其诚，无一人不得其所。譬如阳春发育万物，虽草芥毫芒，春气无不充足，若纤毫不到，则春气不全。圣人之于人，无所不至，苟不曲尽其诚，则其德不全矣，故曰“曲则全”。

“枉则直”者，屈己从人曰枉。直，伸也。谓圣人道高德盛，则大有径庭，不近人情，若不屈己从人，俯循万物，混世同波，则人不信。人不信，则道不伸，由人屈而道伸，故曰“枉则直”。

“洼则盈”者，众水所聚，地之最下者，曰洼。譬如江海最为洼下，故万派皆归，而圣人之心至虚至下，故众德交归，德无不备，故曰“洼则盈”。

“敝则新”者，衣之污损日敝。不敝，则不浣濯，不见其新，以其敝乃新耳。以譬圣人忘形去智，日损其知见，远其物欲，洗心退藏于密。欲不敝，则道不新，故曰“敝则新”。

圣人忘知绝学，专心于一，故于道有得，故曰“少则得”。世人多知多见，于道转失，故曰“多则惑”。是以圣人因愍世人以多方丧道，故抱一为天下学道之式。式，法也。

智巧炫耀于外曰见，自见者不明，故不自见乃为明耳。执己为必当曰是，自是者不彰，故不自是乃彰耳。彰者，盛德显于外也。夸功曰伐，自伐者无功，故不自伐乃有功耳。司马迁尝谓韩信“假令学道谦让，不伐己功，不矜其能，则庶几于汉家勋，可比周、召、太公之徒矣”，意盖出此。恃己之能曰矜。长，才能也。自矜者不长，不自矜者乃长耳。

此上四“不”字，皆不争之德也，惟圣人有之。故曰“夫惟不争，故天下莫能与之争”者，由其圣人委曲如此，故万德交归，众美备具，故引古语以证之曰：“古之所谓曲则全者，岂虚言哉？诚全而归之。”

二十三章

希言自然。飘风不终朝，骤雨不终日。孰为此者天地，天地尚不能，而况于人乎？故从事于道者，道者同于道，德者同于德，失者同于失。同于道者，道亦乐得之；同于德者，德亦乐得之；同于失者，失亦乐得之。信不足，有不信。

此章言圣人忘言体道，与时俱化也。

希，少也。希言，犹寡言也。以前云“多言数穷，不如守中”，由其勉强好辩，去道转远，不能合乎自然，惟希言者，合乎自然耳。向下以“飘风不终朝，骤雨不终日”，以比好辩者之不能久。然好辩者，盖出愤激不平之气，如飘风骤雨，亦乃天地不平之气，非不迅激于人，特无终朝之久。且天地不平之气，尚不能久，而况于人乎？此甚言辩之不足恃也。

盖好辩者，只为信道不笃，不能从事于道，未得玄同故耳。惟圣人从事于道，妙契玄同，无入而不自得。故在于有道者，则同于道；在于有德者，则同于德。失者，指世俗无道德者。谓至于世俗庸人，亦同于俗，即所谓“呼我以牛，以牛应之；呼我以马，以马应之”，无可不可。且同于道德，固乐得之；即同于世俗，亦乐而自得。

此无他，盖自信之真。虽不言，而世人亦未有不信者。且好辩之徒，哓哓多言，强聒而不休，人转不信。此无他，以自信不足，所以人不信耳。

二十四章

跂者不立，跨者不行。自见者不明，自是者不彰。自伐者无功，自矜者不长。其在道也，曰余食、赘行，行作形。**物或恶之，故有道者不处也。**

此承前章言好辩者不能持久，犹如跂跨之人不能立行，甚言用智之过也。

跂，足根不著地也。跨，阔步而行也。盖跂者止知要强高出人一头，故举踵而立，殊不知举踵不能久立；跨者止知要强先出人一步，故阔步而行，殊不知跨步不能长行。以其皆非自然。以此二句，为向下"自见""自是""自伐""自矜"之譬喻耳。自见，谓自逞己见；自是，谓偏执己是。此一曲之士，于道必暗而不明。自伐，谓自夸其功；自矜，谓自恃其能。此皆好胜强梁之人，不但无功，而且速于取死。

然此道中本无是事，故曰"其在道也，如食之余，如形之赘"，皆人之所共恶。而有道之士，以谦虚自守，必不处此，故曰"有道者不处"，以其不能合乎自然也。

二十五章

有物混成，先天地生。寂兮寥兮，独立而不改，周行而不殆，可以为天下母。吾不知其名，字之曰道，强为之名曰大。大曰逝，逝曰远，远曰反。故道大，天大，地大，王亦大。域中有四大，而王处一焉。人法地，地法天，天法道，道法自然。

此承前言世俗之士，各以己见己是为得，曾不知大道之妙，非见闻可及，故此特示大道以晓之也。

“有物”者，此指道之全体，本来无名，故但云有一物耳。浑浑沦沦，无有丝毫缝隙，故曰“混成”。未有天地，先有此物，故曰“先天地生”。且无声不可闻，无色不可见，故曰“寂寥”。超然于万物之上，而体常不变，故曰“独立而不改”。且流行四时，而终古不穷，故曰“周行而不殆”。殆，穷尽也。天地万物，皆从此中生，故曰“可以为天下母”。老子谓此物至妙至神，但不知是何物，故曰“吾不知其名，特字之曰道，且又强名之曰大道”耳。

向下释其“大”字，老子谓我说此“大”字，不是大小之大，乃是绝无边表之大，往而穷之，无有尽处，故云“大曰逝”。向下又释“逝”字，逝者远而无所至极也，故云“逝曰远”。远则不可闻见，无声无色，非耳目之所到，故云“远曰反”。反，谓反一绝迹。道之极处，名亦不立，此道之所以为大也。

然此大道，能生天生地、神鬼神王，是则不独道大，而天地亦大；不独天地大，而王亦大。故域中所称大者有四，而王居其一焉。世人但知王大，而不知圣人取法于天地，此则天地又大于王；世人但知天地大，而不知天地自道中生，取法于道，此则道又大于天地也。虽然，道固为大，而犹有称谓名字，至若离名绝字，方为至妙，合乎自然，故曰“道法自然”。

且而大道之妙，如此广大精微，而世人岂可以一曲之见，自见自是以为得哉？此其所以“自见者不明，自是者不彰”耳。

二十六章

重为轻根，静为躁君。是以圣人终日行，不离辎重。虽有荣观，燕处超然。奈何万乘之主，而以身轻天下。轻则失根，躁则失君。

此诫君人者当知轻重动静，欲其保身重命之意也。

然“重”字指身，“轻”字指身外之物，即功名富贵。“静”字指性命，“躁”字指嗜欲之情。意谓身为生本，固当重者；彼功名利禄，声色货利，乃身外之物，固当轻者。且彼外物必因身而后有，故重为轻之根。性为形本，固至静者；彼驰骋狂躁，甘心物欲，出于好尚之情者，彼必由性而发，故静为躁之君。世人不知轻重，故忘身徇物，戕生于名利之间；不达动静，故伤性失真，驰情于嗜欲之境。

惟圣人不然，虽终日行而不离辎重。辎重，兵车所载粮食者也。兵行而粮食在后，乃大军之司命，虽千里远行，深入敌国，戒其掳掠，三军不致鼓躁以取败者，赖其所保辎重也。圣人游行生死畏途，不因贪位慕禄，驰情物欲，而取戕生伤性之害者，以其所保身心性命为重也，故曰“不离辎重”。纵使贵为天子，富有四海之荣观，但恬澹燕处，超然物欲之表，此其尧舜有天下而不与也。

奈何后之人主，沉暝荒淫于声色货利之间，戕生伤性而不悟，是以物为重而身为轻也，故曰“身轻天下”。奈何者，怪叹之词。物重则损生，故曰“轻则失根”；欲极则伤性，故曰“躁则失君”。君，谓性也。

庄子《养生》《让王》，盖释此篇之意。子由本云“轻则失臣”，然“臣”字盖亦指身而言。《齐物》以身为臣妾，以性为真君，源出于此。

二十七章

善行无辙迹，善言无瑕谪，善计不用筹策，善闭无关键不可开，善结无绳约而不可解。是以圣人常善救人，故无弃人；常善救物，故无弃物。是谓袭明。故善人者，不善人之师；不善人者，善人之资。不贵其师，不爱其资。虽智大迷，是谓要妙。

此言圣人善入尘劳，过化存神之妙也。

辙迹，犹言痕迹。世人皆以人我对待，动与物竞，彼此不忘，故有痕迹。圣人虚己游世，不与物忤，任物之自然，所谓“忘于物者，物亦忘之”，彼此兼忘。此行之善者，故无辙迹。

瑕谪，谓是非辨别，指瑕谪疵之意。圣人无意、必、固、我，因人之言。然然，不然不然，可可，不可不可，未尝坚白同异。此言之善者，故无瑕谪。

筹策，谓揣摩进退，算计得失利害之意。圣人无心御世，迫不得已而后应，曾无得失之心。然死生无变于己，而况利害之端乎。此计之善者，故不用筹策。

关键，闭门之具，犹言机关也。世人以巧设机关，笼罗一世，将谓机密而不可破，殊不知能设之，亦有能破之者。历观古之机诈相尚之士，造为胜负者，皆可破者也。唯圣人忘机待物，在宥群生，然以道为密，不设网罗，而物无所逃。此闭之善者，所谓“天下莫能破”，故无关键而不可开。

绳约，谓系属之意。世人有心施恩，要以结属人心，殊不知有可属，亦有可解。然有心之德，使人虽感而易忘，所谓“贼莫大于德有心”。圣人大仁不仁，利泽施乎一世，而不为己功，且无望报之心，故使人终古怀之而不忘。此结之善者，故无绳约而不可解。

是以圣人处世，无不可化之人，有教无类，故无弃人；无不可为之事，物各有理，故无弃物。物，犹事也。如此应用，初无难者，不过承其本明，因之以通其蔽耳，故曰“袭明”。袭，承也，犹因也。《庄子》庖丁游刃解牛，因其固然，动刀甚微，划然已解，意出于此。观留侯蹑足附耳，因偶语而乞封，借四皓而定汉，以得老氏之用。故其因事处事，如此之妙，可谓善救者也。其他孰能与之。

故世之善人，不善人之师；不善人，善人之资。由其饰智矜愚，修身明污，故皆知师之可贵；择类而教，乐得而育，故皆知资之可爱。若夫圣人为举世师保，而不知其师之可贵；化育亿兆，而不知其资之可爱。

所谓“兼忘天下易，使天下忘己难”，此虽在智者，犹太迷而不知，况浅识乎？斯所过者化，所存者神，是谓要妙。

二十八章

知其雄，守其雌，为天下溪。为天下溪，常德不离，复归于婴儿。知其白，守其黑，为天下式。为天下式，常德不忒，复归于无极。知其荣，守其辱，为天下谷。为天下谷，常德乃足，复归于朴。朴散则为器，圣人用之则为官长。故大制不割。

此承上章行道之妙，而言圣人不以知道为难，而以守道为要妙也。

古德云："学道，悟之为难；既悟，守之为难。"然行道之妙，实出于守道之要耳。盖此中"知"字，即悟也。"知雄守雌"者，物无与敌谓之雄，柔伏处下谓之雌。溪，乃窊下之地，众水所归之处也。婴儿者，柔和之至也，前云"专气致柔，能如婴儿乎"。然气虽胜物，物有以敌之；而道超万物，物无与敌者，故谓之雄。圣人气与道合，心超物表，无物与敌，而能顺物委蛇，与时俱化，不与物竞，故曰"知其雄，守其雌"。由守其雌，故众德交归，如水之就下，故为天下溪也。由乎处下如溪，故但受而不拒，应而不藏，流润而不竭，故曰“常德不离”。以入物而物不知，如婴儿终日号而嗌不嗄，和之至也，以能胜物而不伤，故曰“复归于婴儿”。

“知白守黑”者，白，谓昭然明白，智无不知之意；黑，昏闷无知之貌。式，谓法则。忒，差谬也。谓圣人智包天地，明并日月，而不自用其知，所谓“明白四达，能无知乎”，故曰“知其白，守其黑”。由其真知而不用其知，故无强知之过谬，故可为天下式。然强知则有谬，谬则有所不知，既有所不知，则知不极矣。今知既无谬，则知无不极，故曰“复归于无极”。

“知荣守辱”者，荣，乃光荣贵高；辱，乃污辱贱下。谷，乃虚而能应者也。朴，谓朴素，乃木之未雕斲也。谓圣人自知道光一世，德贵人臣，而不自有其德，乃以污辱贱下，蒙耻含垢以守之，所谓“光而不耀”，仁常而不居者，虚之至也，故为天下谷。由其虚，故常德乃足，德自足于中，则不缘饰于外，故复归于朴素也。

以虚而能应物，故朴散则为器。圣人以此应运出世，则可以官天地，府万物，故能范围天地而不过，曲成万物而不遗，化行于世而无弃人弃物，故曰“大制不割”。割，截断也。不割者，不分彼此界限之意。

二十九章

将欲取天下而为之，吾见其不得已。天下神器，不可为也。为者败之，执者失之。故物或行或随，或呴或吹，或强或羸，或载或隳。是以圣人去甚，去奢，去泰。

此言圣人道全德备，应运出世，为官为长，当任无为无事，而不可有为太过也。

由上章云“朴散则为器，圣人用之则为官长”，故老子因而诫之曰：“将欲取天下者，当任自然，不可有心为之。而有心为之者，吾见其必不可得已。”

何也？且天下者大器，有神主之，岂可以人力私智取而夺之耶？故曰“不可为也”。而为之者，必反败之。纵为而得之，亦不可执为己有，而执之者，必反失之。故如强秦力能并吞六国，混一天下，是为之也；且誓云“一世以至万世”，是执之也。故不旋踵而败，二世而亡，岂非“为者败之，执者失之”之验欤？

然而所以败之失之者，以其所处过甚，而奢泰之极也。凡物极则反，此亦自然之势耳。故物或行而在前，或复随而在后；或呴而暖，或反吹而寒；或强而壮，或又尫羸而弱；或正载而成，或即隳颓而毁。此何以故？是皆用力过甚，而奢泰之极也。此皆圣人所不处，故曰“是以圣人去甚，去奢，去泰”。

三十章

以道佐人主者，不以兵强天下。其事好还。师之所处，荆棘生焉；大军之后，必有凶年。善者果而已，不敢以取强。果而勿矜，果而勿伐，果而勿骄，果而不得已，果而勿强。物壮则老，是谓不道，不道早已。

此承上言圣人不为已甚，故诫之不可以兵强天下也。

凡以兵强者，过甚之事也。势极则反，故其事好还。师之所处，必蹂践民物，无不残掠，故荆棘生。大军之后，杀伤和气，故五谷疵疠，而年岁凶，此必然之势也。

然于济弱扶倾，除暴救民，盖有不得不用之者，惟在善用。善用者，果而已。已者，休也，止也。果，犹言结果。俗云"了事便休"，谓但可了事令其平服便休，不敢以此常取强焉。纵能了事，而亦不可自矜其能，亦不可自伐其功，亦不可骄恃其气，到底若出不得已，此所谓果而不可以取强也。取强者，速败之道。

且物壮甚则易老，况兵强乎？凡物恃其强壮而过动者，必易伤，如世人恃强而用力过者，必夭死于力。恃壮而过于酒色者，必夭死于酒色。盖伤元气也，元气伤，则死之速，兵强亦然，故曰“是谓不道，不道早已”。已者，绝也。又已者，止也。言既知其为不道，则当速止而不可再为也，亦通。孟子言：“威天下不以兵革之利。”其有闻于此乎？

三十一章

夫佳兵者，不祥之器。物或恶之，故有道者不处。君子居则贵左，用兵则贵右。兵者不祥之器，非君子之器。不得已而用之，恬淡为上，胜而不美；而美之者，是乐杀人。夫乐杀人者，不可以得志于天下矣。吉事尚左，凶事尚右；偏将军居左，上将军居右。言居上势，则以丧礼处之；杀人众多，以悲哀泣之；战胜，以丧礼处之。

此承上言不以兵强天下，故此甚言兵之不可尚也。

佳兵，乃用兵之最精巧者，谓之佳兵。凡善用兵者，必甘心于杀人，兵益佳而祸益深，故为不祥之器。历观古今善用兵者，不但不得其死，而多无后。此盖杀机自绝，而造物或恶之者。以其诈变不正，好杀不仁，故有道者不处。不但有道者不处，而苟有仁心者，亦不处也。何以知其然耶？观夫君子所居则以左为贵，用兵则以右为贵，然右乃凶地。由是而知，兵者乃不祥之器，非君子之器也。

万一不得已而用之者，老子诫曰："当以恬淡为上。"恬淡者，言其心和平，不以功利为美，而厌饱之意。既无贪功欲利之心，则虽胜而不以为美。纵不贪功利，而若以胜为美者，亦是甘心乐于杀人。夫乐于杀人者，必不可使其得志于天下，所谓"物或恶之"也。若使此辈得志于天下，将为残害而无涯量矣。

且世之吉事必尚左，凶事则尚右。凶事，谓丧事也。所以用兵则贵右，言其可哀也。故兵家以偏将军居左，以上将军居右者，盖上将军司杀之重者。言居上势者，则当以丧礼处之也。故杀人众多，则当以悲哀泣之。即战胜，亦当以丧礼处之。甚言其不得已而用之，即不得已而处之也。

上二章，通言人臣不能以道佐人主，而反以兵为强者，故切诫之。

三十二章

道常无名。朴虽小，天下不敢臣。侯王若能守，万物将自宾，天地相合以降甘露，民莫之令而自均。始制有名，名亦既有。夫亦将知止，知止，所以不殆。譬道之在天下，犹川谷之于江海也。

此承上章不以兵强天下，因言人主当守道无为，则万物宾而四海服，天地合而人民和，自然利济无穷也。

常者，终古不变之义。凡有名者，必迁变，道之所以不变者，以其无名也，故曰“道常无名”。朴，乃无名之譬，木之未制成器者，谓之朴。若制而成器，则有名矣。小，犹眇小，谓不足视也。且如合抱之材，智者所不顾，若取径寸以为冠，则愚者亦尊焉。是以名为大，而以无名为小。甚言世人贵名，概以朴为不足视，故以道曰朴曰小也。然道虽朴小，而为天地万物之本，即愚夫愚妇而亦知所尊，故曰“天下不敢臣”。

但侯王不能守耳，藉使侯王若能守，则万物自然宾服矣，奚假兵力哉？然兵者凶器，未必宾服一国，且上干和气，必有凶年。

若以道服之，不但万物来宾，抑且和气致祥，天地相合，以降甘露。兵来未必尽和民人，若以道宥之，则民莫之令而自然均调，各遂其生。无名之朴，利济如此，惜乎侯王不能守之善用耳。

若散朴为器，始制则有名矣。始，犹方才也。谓朴本无名，方才制作，则有名生焉。且从无名而有名，既有名，而名又有名，将不知其所止矣，庄子所谓“从有适有，巧历不能得”，故曰“名亦既有”。而殉名者愈流愈下，逐末忘本，不知其返矣。故老子戒之曰：“夫名者，不可驰骛而不返，亦将知止而自足。苟不知止足，则危殆而不安。知止，所以不殆也。”

由是而知，道在天下，为万物之宗，流润无穷，犹川谷之于江海也。然江海所以流润于川谷，川谷无不归宗于江海，以譬道散于万物，万物莫不宾服于大道，此自然之势也。意明侯王若能守，其效神速如此。

三十三章

知人者智，自知者明。胜人者有力，自胜者强。知足者富，强行者有志。不失其所者久，死而不亡者寿。

此因上言侯王当守道无为，故此教以守之之要也。

知人者，谓能察贤愚，辨是非，司黜陟，明赏罚，指瑕摘疵，皆谓之智。但明于责人者，必昧于责己。然虽明于知人为智，不若自知者明也。老子谓孔子曰："聪明深察而近于死者，好议者也。博辩宏大而危其身者，好发人之恶也。去子之恭矜与智能，则近之矣。"谓是故也。庄子云："所谓见见者，非谓见彼也，自见而已矣。所谓闻闻者，非谓闻彼也，自闻而已矣。"能自见自闻，是所谓"自知者明"也。

世之力足以胜人者，虽云有力，但强梁者必遇其敌，不若自胜者强。然欲之伐性，殆非敌国可比也，力能克而自胜之，可谓真强。如传所云"和而不流，中立而不倚"者，所谓"自强不息"者也。

凡贪得无厌者，必心不足。苟不知足，虽尊为天子，必务厚敛以殃民；虽贵为侯王，必务强兵而富国。即纵适其欲，亦将忧而不足，故虽富不富。苟自知足，则鷦鷯偃鼠，藜藿不糁，抑将乐而有余，此知足者富也。强志，好过于人者，未为有志。惟强行于道德者，为有志也。

所者，如“北辰居其所”之“所”。又故有之义，盖言其性也。孟子曰：“性者，故而已矣。”世人贪欲劳形，冀立久长之业，殊不知戕生伤性，旋踵而灭亡，谁能久哉？惟抱道凝神，而复于性真者，德光终古，泽流无穷，此所谓“不失其所者久”也。世人嗜味养生，以希寿考，殊不知厚味腐肠，气惫速死，谁见其寿哉？惟养性复真，形化而性常存，入于不死不生，此所谓“死而不亡者寿”也。

老子意谓道大无垠，人欲守之，莫知其向往。苟能知斯数者，去彼取此，可以入道矣。侯王知此，果能自知自胜，知足强行，适足以全性复真，将与天地终穷，不止宾万物、调人民而已。又岂肯以蜗角相争，以至戕生伤性者哉？

三十四章

大道氾兮，其可左右。万物恃之以生而不辞，功成不名有，爱养万物而不为主。常无欲，可名于小；万物归焉而不为主，可名为大。是以圣人终不为大，故能成其大。

此言道大无方，圣人心与道合，故功大无外，以实前侯王能守之效也。

氾者，虚而无著之意。以道大无方，体虚而无系著，故其应用无所不至，故曰“其可左右”。以体虚无物，故生物而不辞；以本无我，但任物自生，故生物功成而不名己有；以与物同体，故虽爱养万物而不为主。

其体所以真常者，以其至淡无味，无可欲也。由无可欲，故不足视，似可名于小；若夫万物归焉而不为主，则可名为大矣。然小大因物以名之，道岂然耶？是以圣人忘形释智，图于至细，志与道合，终不为大，故能成其大。若夫侯王专务于大，岂能成其大哉？言外之教，亦深切矣。

三十五章

执大象，天下往。往而不害，安平泰。乐与饵，过客止。道之出口，淡乎其无味。视之不足见，听之不足闻，用之不可既。

此明前章未尽之意也。

无象，谓之大象。大象无形，而能入众形，有形者无不归。圣人执无我以御天下，故天下莫不往，以其与物同体也。万物恃之以生，故无往而不利，故云“往而不害”。然忘于物者，物亦忘之，故物各得其所而无不安；物物相忘而无竞，故无不平；暖然如春，故无不泰。此所谓万物宾，而天地合，人民和。故圣人终不为大，而能成其大也。

前云道之所以常者，以其淡然无味，无可欲也。若夫乐之于耳，饵之于口，皆有味而可欲者。若张之于途，虽过客亦止之。然虽暂止，而不能久留，以其用之有尽，盖不常也。

若夫道之出口，则淡乎无味，不若饵之可欲；视之不足见，听之不足闻，不若乐之可欲。此可名于小。然而其体真常，故用之不可既。既，尽也。故可名为大。

此大象之譬，以譬人君苟能执大象以御天下，恬淡无为，虽无声色以悦天下之耳目，无货利以悦天下之心志，而天下归往乐推而不厌，此所谓“万物归焉而不为主，可名为大”也。如此用之，岂有尽耶？

三十六章

将欲翕之，必固张之；将欲弱之，必固强之；将欲废之，必固兴之；将欲夺之，必固与之。是谓微明。柔弱胜刚强。鱼不可脱于渊，国之利器不可以示人。

此言物势之自然，而人不能察，教人当以柔弱自处也。

天下之物，势极则反。譬夫日之将昃，必盛赫；月之将缺，必极盈；灯之将灭，必炽明。斯皆物势之自然也。故固张者，翕之象也；固强者，弱之萌也；固兴者，废之机也；固与者，夺之兆也。天时人事，物理自然，第人所遇而不测识，故曰“微明”，斯盖柔弱胜刚强之义耳。譬夫渊为鱼之利处，但可潜形而不可脱，脱则块然无能为。柔弱为国之利器，人主但可恭默自处，不可揭示于人，示人则致敌而招侮，将返见其不利也。夫是之谓“微明”。

世之观此章，皆谓老子用机智，大非本指。盖老子所以观天之道，执天之行是已，殆非机智之端也。

三十七章

道常无为，而无不为。侯王若能守，万物将自化。化而欲作，吾将镇之以无名之朴。无名之朴，亦将不欲。不欲以静，天下将自正。

此教人君乘流救弊之意也。

以其道常无为而无不为，故侯王但能守之者，而万物不期化而自化矣。此言守道之效，神速如此。然理极则弊生，且而物之始化也皆无欲，化久而信衰情凿，其流必至于欲心复作。当其欲作，是在人君善救其弊者，必将镇之以无名之朴，而后物欲之源可塞也。若施之以有名，则不济耳。

然无名之朴，虽能窒欲，若执此而不化，又将为动源矣。譬夫以药治病，病去而药不忘，则执药成病，故云“无名之朴，亦将不欲”。此亦不欲，则可专以静而制群动，无敢作者，故云“天下将自正”。自正者，谓不待正而自正矣。镇，犹压也。如石压草，非不生也。盖以无名之朴，镇压之而已。若欲朴之心，亦是欲机未绝，是须以静制之，其机自息。机息则心定，而天下自正矣。故虽无名之朴，可用而不可执，况有名乎？

下 篇

三十八章

上德不德，是以有德；下德不失德，是以无德。上德无为，而无以为；下德为之，而有以为。上仁为之，而无以为；上义为之，而有以为。上礼为之，而莫之应，则攘臂而仍之。故失道而后德，失德而后仁，失仁而后义，失义而后礼。夫礼者，忠信之薄，而乱之首也。前识者，道之华，而愚之始。是以大丈夫处其厚，不居其薄；处其实，不居其华。故去彼取此。

此言世降道衰，失真愈远，教人当返其本也。所言道，乃万物之本；德，乃成物之功。道为体而德为用。故道尊无名，德重无为。故道言有无，而德言上下。此道德之辨也。

上德者，谓上古圣人，与道冥一，与物同体。虽使物各遂生，而不自有其德，以无心于德，故德被群生，终古不忘，故云“上德不德，是以有德”。下德者，谓中古以下，不知有道，但知有德。

故德出于有心，自不能忘，且有责报之心，物难感而易忘，故云“下德不失德，是以无德”。失，忘也。以，恃也。然上德所以有德者，以德出无为，功成事遂，而无恃为之心，故云“无以为”。下德所以无德者，以德出有心，而又矜功恃为，故云“有以为”。由是观之，道无真伪，而德则有真有伪矣。此世数淳薄之辨也。

德又下衰，上德不称，而下德为尊，于是始有仁义之名。然仁义皆出于下德，故皆不免有心为之。但上仁虽为，而无恃为之心，故云“无以为”。上义则恃之矣，故云“有以为”。且仁义上者为真，三王是已；下则为假，五霸是已，故不足言。

此又下衰，仁义之下，则礼为上矣。礼则但以虚名相尚，不复知有仁义，故上礼为之，有莫之应者。如孔子作《春秋》，虽正名分，而卒莫能正，此莫之应也。不唯不应，且将臂攘而仍之，此五霸之余，战国之习也。且彼既不知仁义，则必相因而报复之矣。仍，相因之意，又复也。此所以为忠信之薄，而乱之首也。故其德下衰，至此已极，圣人亦无可为天下之具矣。故失道而后德，失德而后仁，失仁而后义，失义而后礼，故礼乃忠信之薄，为乱之首也。

所以愈流愈下者，乃用智之过也。前识，犹言蚤智，谓明见利害于未然者。然蚤智在孔子，则为周身之防，所谓“明哲保身”之意；其次则如范蠡、乐毅之俦，以为避名全节之计；又其次则为仪、秦纵横游说之流矣。然在圣人，则谓之权；在乐、范，则谓之好高而务名。名者实之宾，故谓道之华。在仪、秦用之，则为愚之始也。此所谓才智，君子用之则成名，小人用之则杀身，岂非愚之始耶？故太上以道德为尊，而仁义次之。故大丈夫处厚而不处薄，务实而不务华，故去彼取此。

三十九章

昔之得一者，天得一以清，地得一以宁，神得一以灵，谷得一以盈，万物得一以生，侯王得一以为天下正。其致之，一也。天无以清，将恐裂；地无以宁，将恐发；神无以灵，将恐歇；谷无以盈，将恐竭；万物无以生，将恐灭；侯王无以正，而贵高将恐蹶。故贵以贱为本，高以下为基。是以侯王自谓孤、寡、不谷。此其以贱为本耶，非乎？故致数车，无车。不欲琭琭如玉，落落如石。

此言道无为而无不为，以明无用之用为大用，欲君人者当以无为而治也。

一者，道之体也。其体至虚而无为，精一无二。凡诸有为，莫不以之为本。以，用也。意谓天地万物，皆以道体而为本也。故天得之而清覆于上，地得之而宁载于下。神，指人心而言，谓人得之而为万物之灵。谷，即海也。海得之而容纳百川，故长盈。万物得之而各遂其生，侯王得之而为天下正。正，犹长，所谓君长也。如此者，虽其迹不同，而推其本则一，故曰“致之，一也”。

其下又反释之曰："天不得此，将恐分裂而不能圆覆于上矣；地不得此，将恐发动而不能宁载于下矣；人不得此，将恐生机休歇，而不能子子孙孙[①]亹亹而无穷矣；万物若不得此，将恐绝灭而无有矣；侯王若不得此，将恐颠蹶而不能安其贵高之位矣。"此老子主意，只重在"侯王无以正，而贵高将恐蹶"这一句，必欲人君当体道无为而治耳。

凡人听其所用而从于人者，谓之下贱，此道之譬也。夫道本无名，故天地万物皆得而用之，如人之下贱也。且侯王不得此道，而处贵高之位，将恐蹶，岂不以是而为基本耶？故云"贵以贱为本，高以下为基"。且侯王自谓曰孤、寡、不谷，此三名者，皆贱者之称也。而侯王以之，其意岂不是以贱为本耶，非乎？所以称此者，正欲人君忘其贵高之名，而体道凝神，知其无用为用耳。

且而侯王所以贵高者，以百官执事总之而为君。若指其所用，而各有所事，至若人君，则无所用其事矣，所谓"臣道有为，而君道无为"也。若夫轮辐衡轭，会之而为车。故数其车，则件件可数，其车则无可数矣。以无可数，故得车之用。是故侯王以无为之道，而后方大有为也。然道之在物，本无贵贱高下之分，故侯王当体道忘怀，不可执贵高之名，而取颠蹶之患，故诫之曰："不欲琭琭如玉，落落如石。"谓不可视己琭琭如玉之贵，视物落落如石之贱也。苟忘贵贱之分，则人人皆为我用矣，岂非无用之为大用耶？

① "子子孙孙"，原作"子孙孙子"，据文义改。

四十章

反者，道之动。弱者，道之用。天下之物，生于有，有生于无。

此承上章以明道为天地万物之本也。

反者，道之体也，谓道体虚无至静，为群动之主。世人只知动之为动，不知动处即静，《易》云“天下之动，贞夫一者也”。以其群动之动，皆自虚无至静而发，不动而动，故云“反者，道之动”也。

然道体至虚，柔弱无用，而为天下有用之本。世人只知有用之用，不知无用之用为大用也，故云“弱者，道之用”。

是故世人只知天下之物生于有，而不知有生于无也。苟知有生于无，则自然不事于物，而能体道凝神矣。岂易得哉？

四十一章

上士闻道，勤而行之；中士闻道，若存若亡；下士闻道，大笑之，不笑不足以为道。故建言有之：明道若昧，进道若退，夷道若类；上德若谷，大白若辱，广德若不足，建德若偷，质贞若渝；大方无隅，大器晚成，大音希声，大象无形。道隐无名。夫惟道，善贷且成。

此言道出常情，而非下愚小智之所能知，必欲上根利智可能入也。

谓上根之人，志与道合，一有所闻，便身体而力行之。如颜子闻者未尝不知，知之未尝不行，故曰“上士闻道，勤而行之”。若夫中人之资，则且信且疑，或日月至焉，故曰“若存若亡”。至若下根之士，即有所闻，了不相蒙，而且以为怪，故大笑之矣。以道出常情，非愚所测，此辈不笑，不足以为道。

以其道与常情，每相反而已矣。何以知之？故古之建言者有云，“明道若昧”此下十二句，皆古之立言者之辞，老子引之以明相反之意。谓小人用智，恃知以为能；圣人光而不耀，以有智而不用，故明道若昧。小人矜夸竞躁，圣人以谦自守，以卑自牧，故进道若退。世人崖巇自高，圣人心与道合，同尘混俗，和而不同，故夷道若类。

世人局量褊浅，一毫不容；圣人心包天地，德无不容，如海纳百川，故上德若谷。小人内藏瑕疵，而外矫饰以为洁；圣人纯素贞白，一尘不染，而能纳污含垢，示同庸人，故大白若辱。小人一德不忘，必恃自多而责报于人；圣人德被群生，而不以为功，故广德若不足。小人一善之长，必炫弄自售，欲求知于人；圣人潜行密用，凡有所施于人者，惟恐人之知已也，如泰伯三让，民无德而称，故建德若偷。小人随时上下，见利而趋，望势而变；圣人之心，贞介如玉，而不可夺，而能与世浮沉，变化无穷，无可不可，故质贞如渝。渝，变也。

世人圭角自立，一定而不化；圣人心如太虚，无适不可，故大方无隅。隅，犹定向也。世人小智自用，以图速效；圣人深畜厚养，藏器于身，待时而动，迫不得已而后应，乘运而出，必为天下之利具，故大器晚成。所以然者，譬夫大音之希声，大象之无形，殊非常情之所易见易闻，宜乎下士闻而大笑之也。

以其世之所尚者，名也。然道隐于无名，又岂常情所易知耶？所以圣人之广大难测者，以其有大道也。夫惟道也，万物皆往资焉而不匮，曲成万物而不遗，故曰“善贷且成”。圣人如此，所以世人皆以大似不肖，而轻笑之。然不笑，不足以为道也。

四十二章

道生一，一生二，二生三，三生万物。万物负阴而抱阳，冲气以为和。人之所恶，唯孤、寡、不谷，而王公以为称。故物或损之而益，或益之而损。人之所教，我亦教之。强梁者不得其死。吾将以为教父。

此承前言道体冲虚，而为天地万物之本，诫人当以道为怀，以谦自处也。

谓道本无名，强名之一，故曰“道生一”。然天地人物，皆从此生，故曰“一生二，二生三，三生万物”。是则万物莫不负阴而抱阳也。所以得遂其生，不致夭折者，以物各含一冲虚之体也。和气积中，英华昭著，秀实生成，皆道力也，故云“冲气以为和”。是则物物皆以冲虚为本也。

且冲虚柔弱，与物不类，似乎无用，人皆恶之而不取，殊不知无用之用为大用也。即如世人之所恶者，唯孤、寡、不谷，以为不美，而王公反以此为称者，岂不以柔弱为天下之利器耶？且孤、寡、不谷，皆自损之辞也。然而侯王不自损，则天下不归，故尧舜有天下而不与，至今称之，泽流无穷，此自损而人益之，故曰“或损之而益”。若夫桀纣以天下奉一己，暴戾恣睢，但知有己，而不知有人，故虽有天下，而天下叛之，此自益者而人损之，故曰“或益之而损”。

以人人皆具此道，但日用不知，须待教而后能。且人之所教者，我亦未尝不教之也。惟人不善教人，只知增益知见，使之矫矜恃气，好为强梁。殊不知强梁者，不得其死。我唯教人以日损其欲，谦虚自守，以全冲和之德，是故吾将以为教父，而风天下以谦虚之德也。教父，犹木铎意。

四十三章

天下至柔，驰骋天下之至坚。无有入无间，吾是以知无为之有益。不言之教，无为之益，天下希及之。

此承上言无为之益，以明不言之教也。

然天下之至坚，非至柔不足以驰骋之，如水之穿山透地，浸润金石是已。若以有入有，即相触而有间。若以空入有，则细无不入，如虚空遍入一切有形，即纤尘芒芴，无所不入，以其虚也。若知虚无之有用，足知无为之有益矣。

前云人不善教人者，以其有言也。有言则有迹，有迹则恃智，恃智则自多，自多者则矜能而好为，凡好为者必易败。此盖有言之教，有为之无益也。如此，则知不言之教，无为之益，天下希及之矣。

四十四章

名与身，孰亲？身与货，孰多？得与亡，孰病？甚爱必大费，多藏必厚亡。知足不辱，知止不殆，可以长久。

此言名利损生，诫人当知止足也。

谓世人只知名之可贪，故忘身以殉名，殊不知名乃身外之虚声耳。与身较之，身亲而名疏，故曰“孰亲”。货，利也。谓世人只知利之可贪，故忘身以殉利，殊不知利乃身之长物耳。与身较之，身在则有余，故曰“孰多”。世人不察，每役役于名利之间，贪得而无厌，戕生而伤性。与夫贪得而身亡，不若身存而远害，故曰“得与亡，孰病”。

故凡爱之甚者，费必大；藏之多者，亡必厚。如以隋侯之珠，弹千仞之雀，雀未得而珠已失。此爱之甚，而不知所费者大矣。如敛天下之财，以纵鹿台之欲，天下叛而台已空。此藏之多，而不知所亡者厚矣。不唯爱者费而藏者亡，抑且身死名灭，国危而不安，斯皆不知止足之过也。故知足则不辱，知止则不殆，即斯可以长久矣。

噫，老氏此言，可谓破千古之重昏，启膏肓之妙药，昭然如揭日月于中天也。而人不察乎此，惜哉！

四十五章

大成若缺，其用不敝。大盈若冲，其用不穷。大直若屈，大巧若拙，大辩若讷。躁胜寒，静胜热。清净为天下正。

此言圣人法天制用，与道为一，故能胜物而物不能胜，以申明前章“不言之教，无为之益”也。

“大成若缺，其用不敝”者，若天地生物，曲成万物而不遗，可谓成之大矣。然必春生而夏方长之，秋杀而冬方成之。以此观之，似若有所缺。苟不如此，若一径生长而无秋冬之肃杀，不但物不能成，而造物者亦将用之而敝矣。由其若缺，故所成者大，而其用不敝也。

“大盈若冲，其用不穷”者，若阳和之气，充塞天地，无处不至，无物不足，可谓盈矣。其体冲虚而不可见，若块然可见，亦将用之有尽矣。由其若冲，故既已与人己愈有，既已为人己愈多，故其用不穷也。

“大直若屈”者，若一气浩然，至大至刚，可谓直矣。然潜伏隐微，委曲周匝，细入无间，故若屈。由若屈，故能伸其生意也。

“大巧若拙”者，若天之生物，刻雕众形而不见其巧，故云“若拙”。若恃其巧者，巧于此而拙于彼，则巧非大矣。

“大辩若讷”者，上云若缺，则天地无全功，故人犹有所憾。然天何言哉，四时行焉，百物生焉，是则生物之功，不辩而自白矣，故曰“若讷”。

是以天地不言而万物成，圣人不言而教化行。以圣人法天制用，故以不言之教，无为之化，似乎不胜，而物卒莫能胜之也。且躁能胜寒而不能胜热，静能胜热而不能胜寒，斯皆有所胜，则有所不胜。是故圣人贵乎清净为天下正，此其不言之教，无为之益，天下希及之矣。

四十六章

天下有道，却走马以粪；天下无道，戎马生于郊。罪莫大于可欲，祸莫大于不知足，咎莫大于欲得。故知足之足，常足。

此承上清净无为之益，甚言多欲有为之害，以诫人君当以知足自守也。

谓上古之世，有道之君，清净无欲，无为而化。故民安其生，乐其业，弃却走马而粪田畴，所以家给人足，而无不足者。及世衰道微，圣人不作，诸侯暴乱，各务富国强兵，嗜欲无厌，争利不已，互相杀伐。故戎马生于郊，以致民不聊生，奸欺并作。

此无他，是皆贪欲务得，不知止足之过也。故天下罪之大者，莫大于可欲。以其戕生伤性，败乱彝伦，以至君臣父子，皆失其分者，皆见可欲之罪也。以致败国亡家，覆宗灭族之祸者，皆不知止足所致也。由不知足，故凡见他人之所有，而必欲得之。然欲得之心，为众罪大祸之本，故咎之大者，莫大于欲得。欲得者，心不足也，古人云："若厌于心，何日而足。"以贪得不止，终无足时。惟知足之足，无不足矣，故常足。

四十七章

不出户，知天下；不窥牖，见天道。其出弥远，其知弥少。是以圣人不行而知，不见而名，不为而成。

此承上言圣人所以无为而成者，以其自足于己也。

谓圣人性真自足，则智周万物，无幽不鉴。故天下虽大，可不出户而知；天道虽微，可不窥牖而见。以其私欲净尽，而无一毫障蔽故也。

若夫人者，沉瞑利欲，向外驰求，以利令智昏，故去性日远，情尘日厚，尘厚而心益暗，故其出弥远，其知弥少。

是以圣人淡然无欲，不事于物，故寂然不动，感而遂通天下之故，故曰“不行而知”。如此则尸居而龙见，渊默而雷声，故曰“不见而名”。道备于己，德被群生，可不言而化，故曰“不为而成”。是皆自足于性也。

四十八章

为学日益，为道日损。损之又损，以至于无为，无为而无不为。故取天下常以无事。及其有事，不足以取天下。

此承上言无为之德，由日损之功而至也。

为学者，增长知见，故日益；为道者，克去情欲，隳形泯智，故日损。初以智去情，可谓损矣；情忘则智亦泯，故又损。如此则心境两忘，私欲净尽，可至于无为。所谓“我无为而民自化”，民果化，则无不可为之事矣。此由无为而后可以大有为，故无不为。

是故取天下者，贵乎常以无事也。无事，则无欲；我无欲，而民自正；民自正，而天下之心得；天下之心得，则治国如视诸掌，此所以无事足以取天下也。若夫有事则有欲，有欲则民扰，民扰则人心失，人心既失，则众叛亲离，此所以有事不足以取天下也。无为之益，天下希及之者，此耳。旧注“取”字训为摄化之意。应如《春秋》“取国”之“取”，言得之易也。

四十九章

圣人无常心，以百姓心为心。善者，吾善之；不善者，吾亦善之。德善矣。信者，吾信之；不信者，吾亦信之。德信矣。圣人之在天下，慄慄为天下浑其心。百姓皆注其耳目，圣人皆孩之。

此言圣人不言之教，无心成化，故无不可教之人也。

常者，一定不移之意。谓圣人之心，至虚无我，以至诚待物，曾无一定之心，但以[1]百姓之心为心耳。

以圣人复乎性善，而见人性皆善，故善者固已善之，即不善者亦以善遇之。彼虽不善，因我以善遇之，彼将因我之德所感，亦化之而为善矣，故曰“德善”。以圣人至诚待物，而见人性皆诚，故信者固已信之，即不信者亦以信待之。彼虽不信，因我以信遇之，彼将因我之德所感，亦化之而为信矣，故曰“德信”。

以天下人心不古，日趋于浇薄，圣人处其厚而不处其薄，汲

① “以”，原作“无”，据文义改。

汲为天下浑厚其心。惵惵，犹汲汲也。

“百姓皆注其耳目”者，谓注目而视，倾耳而听，司其是非之昭昭。圣人示之以不识不知，无是无非，浑然不见有善恶之迹，一皆以淳厚之德而遇之，若婴孩而已，故曰“皆孩之”。若以婴孩待天下之人，则无一人可责其过者。圣人之心如此，所以不言而信，无为而化，则天下无不可教之人矣。

五十章

出生入死。生之徒十有三，死之徒十有三。人之生动之死地者，亦十有三。夫何故？以其生生之厚。盖闻善摄生者，陆行不遇兕虎，入军不避甲兵。兕无所投其角，虎无所措其爪，兵无所容其刃。夫何故？以其无死地。

此言圣人所以超乎生死之外者，以其澹然无欲，忘形之至，善得无生之理也。

“出生入死”者，谓死出于生也。言世人不达生本无生之理，故但养形以贪生，尽为贪生以取死。是所以入于死者，皆出于生也，大约十分而居其九，而不属生死者，唯有一焉，而人莫之知也。“生之徒”者，养形寿考者也；“死之徒”者，汩欲忘形，火驰而不返者也；“动之死地”者，嗜欲戕生，无所避忌者也。举世之人，尽此三种，而皆不免入于死者，以其出于贪生也。何所以故？以其生生之厚耳。

是皆但知养生，而不知养生之主。苟不知养生之主，皆为不善养生者也。摄，养也。盖闻善养生者，不养其生，而养其生之主。然有其生者，形也；主其生者，性也。性为生主，性得所养，而复其真，则形骸自忘。

形忘则我自空，我空则无物与敌，故陆行不遇兕虎，入军不避甲兵。色欲伐性，甚于兕虎甲兵也。以无我故，纵遇之而亦无可伤，故兕无所投其角，虎无所措其爪，兵亦无所容其刃矣。夫何故？以其无死地焉。

是知我者，生之寄；生者，死之地也。无我无生，又何死之有？孔子曰："未知生，焉知死。"是知生本无生，则知死亦不死，此所以贵朝闻道而夕死可矣。非超乎生死之外者，不易致此。

五十一章

道生之，德畜之，物形之，势成之。是以万物莫不尊道而贵德。道之尊，德之贵，夫莫之命而常自然。故道生之畜之，长之育之，成之熟之，养之覆之。生而不有，为而不恃，长而不宰，是谓玄德。

此言道德为万物之本，欲人体道虚怀，而造乎至德也。

然道为天地根，故万物非道不生。且道但能生之而已，然非德不畜。畜，长养也。如阳和之气，含有而培养之，皆其德也。故道德无形，乃因物以形。形，犹见也。苟不知道德之大，但即物而观，可知已，故曰“物形之”。

且道之生物，唯一气流行，苟无四时寒暑之序，生杀之势，则虽生之畜之，而亦不能成熟之也。所以成万物者，又因其势也。势者，凌逼之意。若夫春气逼物，故物不得不生；秋气逼物，故物不得不成。此其皆以势成之也。

观其成物之功，故知其道无位而尊，无名而贵。所以如此尊贵者，乃道体之自然，又非有以命之者，故曰“莫之命而常自然”。若侯王之尊，则受命于天；卿相之贵，则受命于君。故凡禀命而得之者，亦可夺而失之也，岂常然耶？以道德乃天然尊贵，故莫之命而常自然耳。

所以常然而不失者，以其体至虚，故其用至大。所以万物赖之以生长之，既生长而又含育之，既育而又成熟之，既成熟而又爱养以覆护之。此所谓成始成终，而道德之量，何如耶？且如此生之，生生不已，而不自有其生；如此作为，以成熟之，而不自恃其为；虽为万物之主，而不自以为宰。所以为玄德也。是故君天下者，贵乎体道虚怀，而造乎德之至也。

五十二章

天下有始，以为天下母。既知其母，复知其子；既知其子，复守其母。没身不殆。塞其兑，闭其门，终身不勤；开其兑，济其事，终身不救。见小曰明，守柔曰强。用其光，复归其明，无遗身殃。是谓袭常。

此言体道之方，当以背物合道为要妙也。

由万物皆资始乎道，故曰“天下有始，以为天下母”，所谓“道生之”也。是知道为体，而物为用，故道为母，物为子。人若但知道体虚无，而不知物从此生，是知母而不知子，则沦于断灭；若但知物而不知道，是殉物而忘道，则失其性真。所以既知其母，亦复要知其子，所谓有体有用也；既知物从道生，则不事于物，故曰“既知其子，复守其母”，所谓用不离体也。体用两全，动静不二，故没身不殆。殆，危也，又尽也。

下示守母之方。兑为口；门乃眼耳，为视听之根。谓道本无言，言生理丧，妄机鼓动，说说而不休，去道转远。唯是必缄默以自守，所谓“多言数穷不如守中”，故曰“塞其兑”。然道之于物，耳得之而为声，目得之而为色。若驰声色而忘返，则逐物而背性，是必收视返听，内照独朗，故曰“闭其门”。如此则终身用之而不勤矣。勤，劳也。若徒执言说以为得，以资耳目之欲，火驰而不返，则是开兑济事，丧心于物，则终身不可救矣。

是皆不能戒谨于隐微之间，而忽于欲机之兆，非为明也。孔子曰：“知机其神乎。”故曰“见小曰明”。以道自胜，故曰“守柔曰强”。是故学人当用其光，复其明，则无遗身殃也。然光，道之用也；明，道之体也。用不离体，故用愈光，而体愈明，此所以能无遗其殃也。

袭，承也。且真常之道，吾固有之，但凡人不能承袭而自绝耳。苟能如此做工夫，则绵绵而不绝矣，故曰“是谓袭常”。

五十三章

使我介然有知，行于大道，唯施是畏。大道甚夷，而民好径。朝甚除，田甚芜，仓甚虚。服文采，带利剑，厌饮食，财货有余，是为盗夸，韩非本作竽。**非道哉。**

此言世衰道微，人心不古，而极叹道之难行也。

介然，犹些小，乃微少之意，盖谦辞也。老子意谓使我少有所知识，而欲行此大道于天下，奈何天下人心奸险可畏，而将施之于谁耶？故曰“唯施是畏”。且有施而无受者，非徒无益，而又害之，所谓“生乎今之世，反古之道，灾及其身”者，故可畏。

何也？以大道甚坦夷直捷，而民心邪僻，不由于大道，皆好径矣。民好径，则教化衰；教化衰，则奸愈甚；奸愈甚，则法益严，故曰“朝甚除”。除，谓革其弊也。且法令滋彰，贼盗多有，是以朝廷之法日甚严，而民因法作奸，更弃本而不顾，好为游食，故田日甚芜。田甚芜，则仓日甚虚；仓甚虚，而国危矣。风俗之坏，民心之险，一至于此。

君人者，固当躬行节俭，清净无欲，以正人心可也。且在上之人，犹然不知止足，而虚尚浮华，极口体之欲，而服文采，带利剑，厌饮食，而积货财。且上行下效，捷如影响，故上有好之，而下必有甚焉者。是则民之为盗，皆由上以唱之也，故曰“是为盗竽”。竽，乐之首，而为先唱者也。如此，岂道也哉？上下人心之如此，所以道之难行也。

五十四章

善建者不拔，善抱者不脱，子孙祭祀不辍。修之于身，其德乃真；修之于家，其德乃余；修之于乡，其德乃长；修之于国，其德乃丰；修之于天下，其德乃普。故以身观身，以家观家，以乡观乡，以国观国，以天下观天下。吾何以知天下之然哉，以此。

此言圣人所以功德无穷，泽及子孙者，皆以真修为本也。

举世功名之士，靡不欲建不拔之功，垂不朽之业。至皆不能悠久者，以其皆以智力而建之，则有智力过之者，亦可以拔之矣。抱，守也。脱，犹夺也，谓失脱也。以机术而守之，则有机术之尤者，亦可以夺之矣。是皆不善建，不善守者也。至若圣人复性之真，建道德于天下，天下人心感服，确乎而不可拔。故功流万世，泽及无穷，杰然而不可夺。此皆善建善抱，所以福及子孙，故祭祀绵远而不绝也。

是故学道之人，修之于身，故其德乃真。庄子曰："道之真以治身，其绪余以为国家，其土苴以为天下。"故曰"修之家，其德乃余；修之乡，其德乃长；修之国，其德乃丰；修之天下，其德乃普。”故以性观身，则性真而身假。若以我身而观天下之身，则性同而形忘。以此观家则家和，以此观乡则乡睦，以此观国则国治，以此观天下则天下平。所谓以性融物，则天下化；会物为己，则天下归，故其德乃普。是以圣人一真之外无余事，故唯以此。

五十五章

含德之厚，比于赤子。毒虫不螫，以尾毒伤物曰螫。**猛兽不据，**以爪按物曰据。**攫鸟不搏。**以翅击物曰搏。**骨弱筋柔而握固，未知牝牡之合而朘作，精之至也。终日号而嗌不嗄，和之至也。知和曰常，知常曰明。益生曰祥，心使气曰强，物壮则老。谓之不道，不道早已。**

此承上言圣人善建善抱，而不为外物之所摇夺者，以其所养之厚也。

然人之所以有生者，赖其神与精、气耳。此三者苟得其养如赤子，则自不被外物所伤矣，故曰“含德之厚，比于赤子”。且毒虫猛兽攫鸟，皆能伤人之物，至于赤子，则毒虫虽毒而不螫，猛兽虽恶而亦不据，攫鸟虽枭而亦不搏。何也？以其赤子不知不识，神全而机忘也。所谓忘于物者，物亦忘之。入兽不乱群，入鸟不乱行。彼虽恶而不伤，以其无可伤之地。此言圣人神之王也。且如赤子之骨最弱，筋极柔，手无执，而屈握极固，不可擘。且又不知阴阳之合，而朘亦作者，乃精满之至。圣人筋骨亦柔弱，而所握亦坚固者，以其精纯之至也。故草木之有精液者，则柔弱而连固；精竭者，则枯槁而萎散。是知圣人如婴儿者，以精得其养故也。然赤子终日号啼而咽嗌不嗄哑者，以其心本不动，而无哀伤怨慕之情，乃气和之至。圣人之心和，亦然。斯三者，皆得其所养之厚，故所以比赤子之德也。

且此三者，以神为主，以精为卫，以气为守。故老子教人养之之方，当先养其气，故曰“知和曰常”。何也？盖精随气转，气逐心生，故心妄动则气散，气散则精溢，所谓心著行淫，男女二根自然流液。故善养者，当先持其心，勿使妄动。心不妄动则平定，心平则气和，气和则精自固，而神自安，真常之性自复矣，故曰“知和曰常”。如所云“不认缘气之心为心，则真常之性自见”，故曰“知常曰明”。意谓知真常之性者，可称明智矣。

苟不知真常之性，徒知形之可养，而以嗜欲口腹以益其生，殊不知生反为其戕，性反为其伤，故曰“益生曰祥”。祥，妖也。言益生反为生之害也。心不平，则妄动而使气，气散则精竭，精竭则形枯，故曰“心使气曰强”。强，木之枯槁也。过强曰壮，故曰“物壮则老”，草木之物过壮，则将见其枯槁而老。人之精神元气不知所养，而作[1]丧太过，可谓不道之甚矣。不道之甚，乃速其死也，故曰“不道早已”。已者，绝也。

此老氏修养功夫，源头盖出于此。而后之学者，不知其本，妄构多方傍门异术，失老氏之指多矣。

---

①“作”，疑有误，宜作“斲”。

五十六章

知者不言，言者不知。塞其兑，闭其门；挫其锐，解其纷；和其光，同其尘。是谓玄同。故不可得而亲，不可得而疏；不可得而利，不可得而害；不可得而贵，不可得而贱。故为天下贵。

此言圣人所以为天下贵者，以其善得所养，妙契忘言，而能与道玄同也。

谓圣人自知之明，故善能含养于心，而不形于言，以自知之真，言有所不及也。若夫常人哓哓资于口谈者，皆非真知者也，故曰“知者不言，言者不知”。

下言养之之方。兑为口，为说。谓圣人缄默自守，不事口舌，故曰“塞其兑”；不事耳目之玩，故曰“闭其门”。遇物浑圆，不露锋芒，故曰“挫其锐”；心体湛寂，释然无虑，故曰“解其纷”。纷，谓纷纭杂想也。含光敛耀，顺物忘怀，故曰“和其光，同其尘”。此非妙契玄微者，不能也，故曰“是谓玄同”。

圣人造道之妙，大而化之至于此。其心超然尘表，故不可得而亲；精诚动物，使人见而不能舍，故不可得而疏。淡然无欲，故不可得而利；妙出死生，故不可得而害。视王侯之位如隙尘，故不可得而贵；披褐怀玉，故不可得而贱。以其圣人迹寄寰中，心超物表，不在亲疏、利害、贵贱之间，此其所以为天下贵也。

五十七章

以正治国，以奇用兵，以无事取天下。吾何以知其然哉，以此：天下多忌讳，而民弥贫；民多利器，国家滋昏；人多技巧，奇物滋起；法令滋彰，盗贼多有。故圣人云："我无为而民自化，我好静而民自正，我无事而民自富，我无欲而民自朴。"

此言治天下国家者，当以清净无欲为正，而不可用奇巧以诱民也。

且奇巧诈术，是为诡道，但可用之于兵，不可以治，故曰"以正治国，以奇用兵"。然兵者不祥之器，不得已而用之，乃好事者为之耳，非取天下之具也，故以无事取天下。吾何以知无事可以取天下之然哉，以此。此，指下文有事而言。

盖忌讳、利器、技巧、法令，皆有事也。此何以不足取天下？且天下多忌讳，而民弥贫。忌，谓禁不敢作。讳，谓不敢言。只如文王之囿七十里，与民共之，刍荛雉兔取之者无禁。即有不便于民者，言之不讳，所以民得安其生，故在上者无事，而民日富。

今则杀其麋鹿者，如杀人之罪，取之者死，民有不便，言之者戮，故民不聊生，且又无所措手足。此多忌讳之事，而民弥贫也。贤者，国之利器也。今国无道，贤者在野，是利器在民不在朝，所以国家滋昏。由上多欲好奇，故人心雕琢，技巧日生。技巧生，而奇物滋起；奇物起，则贪愈甚；贪愈甚，而盗贼生，故法令滋彰，而盗贼多有也。

以此天下扰扰而不安，是皆有为忘动，有事多欲之过也。故古之圣人有言曰："我无为而民自化，我好静而民自正，我无事而民自富，我无欲而民自朴。"宜矣。

五十八章

其政闷闷，其民醇醇；其政察察，其民缺缺。祸兮福所倚，福兮祸所伏。孰知其极？其无正耶？正复为奇，善复为妖。人之迷，其日固久。是以圣人方而不割，廉而不刿，直而不肆，光而不耀。

此详言上章有为之害，而示之以无为之方也。

闷闷，无知貌，所谓“民可使由之，不可使知之”之意。由百姓皆注其耳目，若示有知，即上云“法令滋彰，盗贼多有”矣。故圣人潜行密用，令其闷闷然若无所知，则民情不凿，奸伪自然不生，故其政闷闷，其民醇醇。若其政令察察然分星擘两，则民多不自安，缺缺然忧有余矣，故云“其政察察，其民缺缺”。缺缺，多忧不足之意。

盖祸福之机，端在人心之所萌。若其机善，则祸转为福；若其机不善，则福转而为祸。此祸福相倚伏也。由人机心不息，则祸福旋转如循环之无端，人孰能知其止极耶？故孔子曰：“知机其神乎。”谓是故也。

然祸福循环之如此，岂无真人而以理正之耶？但世衰道微，人心不古，邪正不分，善恶颠倒。本示之以正，则彼反以为奇诡；本教之以善，而彼反以为妖怪。正所谓“未信而劳谏，则以为厉谤”，此人心之迷固已久矣，纵有圣人之教，亦不能正之矣。庄子曰：“三人行，一人迷方，犹有解者。二人惑，则不能易。今天下皆迷，其谁能解之耶？”

是以圣人游浊世以化民，贵在同尘和光，浑然无迹，故虽方而不伤其割。割，谓割截，乃锋棱太露也。虽廉而不伤于刿。刿，谓刻削太甚也。虽直而不伤于肆。肆，谓任意无忌也。虽光而不伤于耀。耀，谓炫耀己见也。此圣人有所长，而能养其所长，故为天下贵。此所以无为而治，好静而自安，无为而民自化矣。

五十九章

治人事天，莫若啬。夫惟啬，是谓早复。早复，谓之重积德；重积德，则无不克；无不克，则莫知其极。莫知其极，可以有国；有国之母，可以长久。是谓深根固蒂，长生久视之道。

此言圣人离欲复性，以为外王内圣之道也。

啬，有而不用之意。老子所言人天，庄子解之甚明，如曰“不以人害天，不以物伤性”。盖人，指物欲；天，指性德也。言“治人事天，莫若啬”者，然啬，即复性工夫也。谓圣人在位，贵为天子，富有四海，其子女玉帛，声色货利，充盈于前。而圣人以道自守，视之若无，澹然无欲，虽有而不用。所谓“尧舜有天下而不与”，此以啬治人也。圣人并包四海，智周万物，不以私智劳虑，而伤其性真，所谓“毋摇尔精，毋劳尔形，毋使汝思虑营营”。盖有智而不用其智，此以啬事天也。

复性工夫，莫速于此，故曰“是谓之早复”。此“复”字，是《复卦》“不远复”之意，言其速也，又如“一日克己复礼，天下归仁”之意。庄子曰：“贼莫大于德有心。”然有心之德施于外，故轻而不厚。复性之功，天德日全，不期复而自复，所谓“复，见天地之心”，故曰“早复，谓之重积德”。能重积德，则无不克矣。此“克”字，乃“克敌”之“克”即颜子“克己”之“克”。以性德日厚，则物欲消融，而所过者化，无物与敌，则其德高明广大，民无得而称焉，故曰“无不克，则莫知其极”。极，至极，犹涯量也。

此内圣之德既全，虽无心于天下，乃可以托于天下，故曰“莫知其极，可以有国”。此内圣之道，真以治身，其绪余以为天下国家，故曰“可以有国”。此道先天地不为老，后天地不为终，故曰“可以长久”。古人所言“深根固蒂，长生久视之道”者，如此而已。结句盖古语，老子引证，以结其意耳。

六十章

治大国，若烹小鲜。以道莅天下，其鬼不神。非其鬼不神，其神不伤人；非其神不伤人，圣人亦不伤人。夫两不相伤，故其德交归焉。

此言无为之益，福利于民，反显有为之害也。

凡治大国，以安静无扰为主，行其所无事，则民自安居乐业，而蒙其福利矣，故曰“若烹小鲜”。烹小鲜，则不可挠，挠则靡烂而不全矣。

治民亦然。夫虐政害民，灾害并至，民受其殃。不知为政之道，乃以鬼神为厉而伤人，反以祭祀以要其福，其实君人者不道所致也。若以道德君临天下，则和气致祥，虽有鬼而亦不神矣。不神，谓不能为祸福也。

且鬼神非无，然洋洋乎如在其上，如在其左右，岂不昭格于上下耶？第虽灵爽赫然，但只为民之福，不为民害，故曰“非其鬼不神，但其神不伤人”耳。然非其神不伤人，实由圣人含哺百姓，如保赤子，与天地合其德，鬼神合其吉凶，而绝无伤民之意，故鬼神协和而致福也，故曰“非其神不伤人，圣人亦不伤之”。

如汤之时，七年大旱，汤以身代牺牲，藉茅以祷，致雨三尺，故民皆以汤王克诚感格所致，斯盖由夫两不相伤，故其德交归焉。此无为之德，福民如此。

六十一章

大国者下流，天下之交，天下之牝。牝常以静胜牡，以静为下。故大国以下小国，则取小国；小国以下大国，则取大国。故或下以取，或下而取。大国不过欲兼畜人，小国不过欲入事人。夫两者各得其欲，故大者宜为下。

此言君天下者，当以静胜为主，不可以力相尚也。

夫流之在下者，如江海，众水归之。故大国之在天下，众望归之，故如流之在下，以为天下之交，纳污含垢，无所不容。又虚而能受，如天下之牝也。凡物之雌曰牝，雄曰牡，牡动而牝静。动则不育，静能有生，是牝以静胜牡也，以此譬喻圣人之德。然圣人为天下牝者，以天下之人，衣食皆赖之以生，爵禄皆赖之以荣，万几并集于一人。故君道无为，而皆任其所欲，各遂其所生，所谓“万物皆往资焉而不匮”，此似牝以静胜牡也。是则静为群动之归趋，故以静为下。

大字小，小事大，皆有以下之也。取者，得之易也。大字小，如母育子；小事大，如子奉母。精神相孚，相得最易，故如掇之也。然大字小，必有所容，故曰“或下以取”。以，犹左右之也。小事大，必有所忍，故曰“或下而取”。而，因而取之也。皆无妄动之过，故交归焉。且大国之欲，不过兼畜人，非容无以成其大；小国之欲，不过入事人，非忍无以济其事。两者既各得其所欲，而大者更宜下。何也？以大国素尊，难于下耳，故特勉之。

此老子见当时诸侯，专于征伐，以力不以德，知动不知静，徒见相服之难，而不知“下”之一字为至简之术。盖伤时之论也。

六十二章

道者，万物之奥，善人之宝，不善人之所保。美言可以市，尊行可以加人。人之不善，何弃之有？故立天子，置三公，虽有拱璧以先驷马，不如坐进此道。古之所以贵此道者何？不曰求以得，有罪以免耶？故为天下贵。

此言道之为贵，诫人当勉力以求之也。

“道者，万物之奥”，奥者，室之西南隅。有室必有奥，但人虽居其室，而不知奥之深邃。以譬道在万物，施之日用寻常之间，人日用而不知，故如奥也。然道既在万物，足知人性皆同，虽有善恶之差，而性未尝异，以其俗习之偏耳。故善人得之以为宝，恶人虽失，亦赖此道保之以有生，故曰“所保”。苟非其道以保之，则同无情瓦石矣。

足见理本同也，所谓尧舜与人同耳。由此观之，天下岂有可弃之人耶？且一言之美，则可以市。市，利也。一行之尊，则可以加于人之上。况大道之贵，岂止一言之美，一行之尊。且人之全具而不欠缺一毫者，斯则不善之人，又何弃之有耶？

“故立天子，置三公，虽有拱璧以先驷马，不如坐进此道”，此古语也。老子解之曰：“然天子三公，不足为尊贵；拱璧驷马，不足为荣观。总不如坐进此道。”

所以贵此道者，何耶？岂不曰：求道以得之，纵有罪亦可以免之耶？是知桀纣，天子也，不免其诛；四凶，三公也，不免其戮。非无拱璧驷马，而竟不能免其罪。故夷齐谏武王而不兵，巢许傲天子而不谴，岂非“求以得，有罪以免耶”？况夫一念复真，诸罪顿灭。苟求而得，立地超凡，故为天下贵也。

六十三章

为无为，事无事，味无味。大小多少，报怨以德。图难于其易，为大于其细。天下难事，必作于易；天下大事，必作于细。是以圣人终不为大，故能成其大。夫轻诺必寡信，多易必多难。是以圣人犹难之，故终无难。

此言圣人入道之要妙，示人以真切工夫也。

凡有为，谓智巧；有事，谓功业；有味，谓功名利欲。此三者，皆世人之所尚。然道本至虚而无为，至静而无事，至淡而无味。独圣人以道为怀，去彼取此，故所为者无为，所事者无事，所味者无味。

故世人皆以名位为大，以利禄为多而取之。然道至虚微，淡泊无物，皆以为小少，故弃而不取。圣人去功与名，释智遗形，而独与道游，是去其大多，而取其小少，故以至小为至大，至少为至多，故大其小，而多其少也。试观世人报怨以德，则可知矣。何也？且世之人，无论贵贱，事最大而难解者，怨也。然怨之始也，偶因一言之失，一事之差，遂相构结，以至杀身灭名，亡国败家之祸。甚至有积怨深愤，父子子孙，累世相报而未已者，此举世古今之恒情也。岂非其事极大且多哉？

惟圣人则不然，察其怨之未结也，本不有；始结也，事甚小；既结也，以为无与于己。故无固执不化之心，亦无有我以与物为匹敌。其既往也，事已消之，求其朕而不可得。以此观之，则任彼之怨，在我了无报之之心矣。然彼且以为存怨，在我全无报复之心，彼必以我为德矣。是所谓报怨以德，非谓曲意将德以报怨也。孔子以直报怨，正谓此耳。

斯则怨乃事之至大而多，人人必有难释者，殊不知有至易者存焉，是所谓为无为，事无事，大其小，而多其少也。天下之事，何独于怨，而事事皆然。故天下之事至难者，有至易存焉；至大者，有至细存焉。人不见其易与细，而于难处图之，大处为之，必终无成。苟能图之于易，而为之于细，鲜不济者。以天下难事必作于易，天下大事必作于细故也。作者，始起也。是以圣人虚心体道，退藏于密，迹愈隐而道愈光，泽流终古而与天地参，此所谓“终不为大，故能成其大”也。

老子言及至此，抑恐世人把“易”字当作“容易”“轻易”字看，故诫之曰：“夫轻诺必寡信，多易必多难。”谓世人不可将事作容易看也。且容易许人，谓之轻诺；凡轻许者，必食言而寡信；见事之容易而轻为者，必有始而无终。是故“易”字，非容易也。世人之所难，而圣人之所易；世人之所易，而圣人之所难，故曰“圣人犹难之，故终无难”。犹，应作尤，古字通用，更也。谓世人之所甚易者，而圣人更难之，故终不难耳。观夫文王兢兢，周公业业，戒慎恐惧乎不睹不闻，皆圣人之所难也。

余少诵“图难于易，为大于细”二语，只把作事看。及余入山学道，初为极难，苦心不可言。及得用心之诀，则见其甚易。然初之难，即今之易；今之易，即初之难。然治心如此，推之以及天下之事皆然，此圣人示人入道之真切工夫也。志道者勉之！

六十四章

其安易持，其未兆易谋。其脆易破，其微易散。为之于未有，治之于未乱。合抱之木，生于毫末；九层之台，起于累土；千里之行，始于足下。为者败之，执者失之。圣人无为，故无败；无执，故无失。民之从事，常于几成而败之。慎终如始，则无败事。是以圣人欲不欲，不贵难得之货，学不学。复众人之所过，以辅万物之自然，而不敢为。

此释上章“图难于易，为大于细”之意，以示圣人之要妙，只在为人之所不为，以为学道之捷径也。治人事天工夫，全在于此。

安与未兆，盖一念不生，喜怒未形，寂然不动之时，吉凶未见之地，乃祸福之先，所谓“几先”也。持字，全是用心力量。谓圣人寻常心心念念，朗然照于一念未生之前，持之不失。此中但有一念动作，当下就见就知，是善则容，是恶则止，所谓“早复”。孔子所谓“知几其神乎”。此中下手甚易，用力少而收功多，故曰“其安易持”。兆，是念之初起；未兆，即未起。此中喜怒未形，而言谋者，此“谋”，非“机谋”之“谋”，乃戒慎恐惧之意。于此著力，图其早复，盖第一念为之于未有也。

若脆与微，乃是一念始萌，乃第二念耳。然一念虽动，善恶未著，甚脆且微。于此著力，所谓“治之于未乱”也。“合抱之木”以下，三句皆譬喻。毫末，喻最初一念；累土、足下，喻最初一步工夫也。

上言用心于内，下言作事于外。“为”“执”二句，言常人不知著力于未然之前，却在既发之后用心，为之则反败，执之则反失矣。圣人见在几先，安然于无事之时，故无所为，而亦无所败；虚心鉴照，故无所执，而亦无所失。以其圣人因理以达事耳。常民不知在心上做，却从事上做，费尽许多力气，且每至于几成而败之。此特机巧智谋，有心做来，不但不成，纵成亦不能久，以不知听其自然耳。

“慎终如始”，始，乃事之初；终，乃事之成。天下之事，纵然盈乎天地之间，圣人之见，察其始也本来不有，以本不有。故将有也，任其自然，而无作为之心。及其终也，事虽已成，观之亦似未成之始，亦无固执不化之念，此所谓“慎终如始，故无败事”也。

“是以”以下，总结圣人反常合道也。若夫众人之所欲者，功名利禄，玉帛珍奇；所学者，权谋智巧。火驰于此，往而不返，皆其过也。至于道德无为，皆以为贱而所不欲，以为无用而不学，故恃智好为，以伤自然之朴。圣人离欲释智，以复众人之过耳，以恃万物之自然，故终不敢为也。

庄子内圣外王学问，全出于此。吾人日用明此，可以坐进此道；以此用世，则功大名显。伊、周事业，特绪余耳。岂不至易哉？

六十五章

古之善为道者，非以明民，将以愚之。民之难治，以其智多。以智治国，国之贼；不以智治国，国之福。知此两者，亦楷式。能知楷式，是谓玄德。玄德深矣远矣。与物反矣，乃至于大顺。

此言圣人治国之要，当以朴实为本，不可以智夸民也。

明者，昭然揭示之意。愚者，“民可使由之，不可使知之”之意。夫民之所趋，皆观望于上也，所谓“百姓皆注其耳目”。凡民之欲蔽，皆上有以启之，故上有好者，下必有甚焉者也。故圣人在上，善能以斯道觉斯民，当先身以教之。上先不用智巧，离欲清净，一无所好，若无所知者，则民自各安其日用之常，绝无一念好尚之心，而黠滑之智自消，奸盗之行自绝矣。所谓“我好静而民自正，我无为而民自化”，故曰“非以明民，将以愚之”。此重在“以”字，前云“众人皆有以”，“以”如《春秋》“以某师”之“以”，谓左右之也。此其上不用智，故民易治耳。

然民之难治者，皆用智之过也。足知以智治国者，反为害也，乃国之贼；不用智而民自安，则为国之福矣。人能知此两者，可为治国之楷式也。楷式，好规模也。苟能知此楷式，是谓之玄德矣。玄德，谓德之玄妙，而人不测识也。故叹之曰“玄德深矣远矣”，非浅识者所可知也。

民之欲，火驰而不返，唯以此化民，则民自然日与物相反，而大顺于妙道之域矣。《语》曰：“齐一变至于鲁，鲁一变至于道。”犹有智也，况玄德乎？

六十六章

江海所以能为百谷王者，以其善下之，故能为百谷王。是以圣人欲上民，必以言下之；欲先民，必以身后之。是以圣人处上而民不重，处前而民不害。是以天下乐推而不厌。以其不争，故天下莫能与之争。

此教君天下者以无我之德，故天下归之如水之就下也。

百川之水，不拘净秽，总归于江海，江海而能容纳之，以其善下也。此喻圣人在上，天下归之，以其无我也。

“欲上民，必以言下”[①]者，言者，心之声也。故君天下者，尊为天子，圣人虚心应物，而不见其尊，故凡出言必谦下，如曰孤、寡、不谷，不以尊陵天下也。“欲先人，必以身后之”者，身者，心之表也。君天下者，贵为天子，天下推之以为先。圣人忘己与人，而不自见有其贵，故凡于物欲，澹然无所嗜好，不以一己之养害天下也。

① “下”字后，宜加个“之”字。

重者，犹不堪也。是则圣人之心，有天下而不与，故虽处上，而民自堪命，不以为重；虽处前，而民自遂生，不以为害。此所以天下乐推而不厌。盖无我之至，乃不争之德也。此争非争斗之谓，盖言心不驰竞于物也。以其不争，故天下莫能与之争。庄子所谓"兼忘天下易，使天下忘己难"，此则能使天下忘己，故莫能与之争耳。

六十七章

天下皆谓我道大，似不肖。夫惟大，故似不肖。若肖，久矣其细。我有三宝，持而宝之：一曰慈，二曰俭，三曰不敢为天下先。慈，故能勇；俭，故能广；不敢为天下先，故能成器长。今舍慈且勇，舍俭且广，舍后且先，死矣。夫慈，以战则胜，以守则固。天将救之，以慈卫之。

此章老子自言所得之道至大，世人不知，其实所守者至约也。

道大，如巍巍乎惟天为大，荡荡乎民无称焉，言其广大难以名状也。不肖，如孔子云“不器”，太史公谓孟子“迂远而不切于事情”之意，即庄子所谓“大有径庭，不近人情”也。此盖当时人见老子其道广大，皆如下文所云，以勇、广、器长称之，且不得而名，故又为不肖，即若孔子称之“犹龙”也。

故老子因时人之言，乃自解之曰：“天下人皆谓我之道大，似乎不肖，无所可用。惟其大，所以似不肖耳。”肖者，与物相似，如俗云“一样”也。“若肖”作一句，“久矣其细”作一句，倒文法耳。谓我若是与世人一样，则成细人久矣，又安得以道大称之哉？

下文释其大之所以。谓世人皆见其物莫能胜我，遂以我为勇；见我宽裕有余，遂以我为广；见其人皆推我为第一等人，遂以我为器长。器者，人物之通称也。以此故，皆谓我道大，其实似无所肖。殊不知我所守者至约，乃慈、俭、不敢为天下先，三法而已。

慈者，并包万物，覆育不遗，如慈母之育婴儿。俭者，啬也，有而不敢尽用。不敢为天下先者，虚怀游世，无我而不与物对。然以慈育物，物物皆己，且无己与物敌，物自莫能胜矣，故曰“慈，故能勇”。心常自足，虽有余而不用，所处无不裕然宽大矣，故曰“俭，故能广”。物我两忘，超然独立，而不见有己以处人前，故人皆以我为畸人，推为人中之最上者矣，故曰“不敢为天下先，故能成器长”。以此故，皆以我为道大似不肖耳。以我所守者如此，即前所云“我独异于人，而贵求食于母”也。以此三者，乃大道之要妙耳。

且今世人，舍慈而言勇，舍俭而言广，舍后而言先，死矣。此“死”字，非生死之死，如禅家所云“死在句下”，盖死活之死，言其无生意也。以世人不知大道之妙，但以血气、夸侈、争胜做工夫，故一毫没用头，皆死法，非活法也。

且此三者之中，又以慈为主，不但学道，即治天下国家莫不皆然。若以战则胜，以守则固，故王师无敌，民效死而勿去，皆仁慈素有所孚，故为战胜守固之道，此所谓“道之真以治身，其绪余以为天下国家”。以天地之大德曰生，故天将救斯民，而纯以慈卫之。故圣人法天利用，而以慈为第一也，世俗恶足以知之？

故知治世能用老氏之术，坐观三代之化。所以汉之文景，得糟粕之余，施于治道，回超百代耳。此老子言言皆真实工夫，切于人事，故云“甚易知易行”。学人视之太高，类以虚玄谈之，不能身体而力行，故不得其受用耳。惜哉！

六十八章

善为士者不武，善战者不怒，善胜敌者不争。善用人者为之下，是谓不争之德，是谓用人之力。是谓配天，古之极。

此言圣人善于下人，以明不争之德，释上“三宝”之意也。一章主意，只在“善用人者为之下”一句。

乃假兵家战胜之事，以形容其慈，乃不争之至耳。士者，介胄之士。武者，武勇。然士以武为主，战以怒为主，胜敌以争为主，三者又以气为主。况善于为士者不用武，善于战者不在怒，善于胜敌者不必争，即前所云“以慈用兵”也。意谓武、怒、争三者，独兵事所必用，若用之而必死，故善者皆不用。

何况常人，岂可恃之以为用耶？乃骄矜恃气，不肯下人，故人不乐其用，乃不善用人耳。故古之善用人者，必为之下，即此“是谓不争之德”也。若以力驱人，能驱几何？若以下驱人，则天下归之。是以下用人，最有力也，所谓“上善若水，水善利万物而不争”，以其有力也。

“是谓配天，古之极”者，乾天坤地，若天地正位，则为否，而万物不生；若乾下坤上，则为泰，是知天在上而用在下也。圣人处民上而心在下，可谓配天之德。此古皇维极之道，置百姓于熙皞至乐之中。斯岂不争之德以治天下，而为力之大者与？

此章主意，全在不用气上做工夫，即前云“专气致柔，能如婴儿”。纯和之至，则形化而心忘。不见物为对，则不期下而自下矣。殆非有心要下，而为用人之术也。然学人有志于谦德，则必尊而光，况圣人无我之至乎？

六十九章

用兵有言：吾不敢为主而为客，不敢进寸而退尺。是谓行无行，音杭，户刚反。**攘无臂，仍无敌，执无兵。**兵者，五兵器械，谓戈、矛、殳、戟、干也。**祸莫大于轻敌，轻敌几丧吾宝。故抗兵相加，哀者胜矣。**

此重明前章不争之德，以释上“三宝”以慈为本之意也。

然慈，乃至仁之全德也，所谓“大仁不仁”，以其物我兼忘，内不见有施仁之心，外不见有受施之地。故凡应物而动，皆非出于有心好为，盖迫不得已而后应。故借用兵以明慈德之至也。

何以知之？且如古之用兵者有言曰：“吾不敢为主而为客，不敢进寸而退尺。”以此观之，足可知也。古之用兵，如涿鹿、孟津之师是也。兵主，如春秋征伐之盟主，盖专征伐，主于兵者，言以必争必杀为主也。客，如诸侯应援之师，本意绝无好杀之心，以兵主召之，迫不得已，惧之而后应也。“不敢为主”者，言其本无好杀之心，今虽迫不得已而应之，然亦听之待之，若可已则已。以无心于功利，故绝无争心，所以进之难而退之易，故曰“不敢进寸而退尺”。言身进而心不进，是以退心进也。

以无争心，故虽行，而如不在行阵；虽攘，而若无臂之人。仍，相仍，犹就也。言彼以我为敌，而我就以彼为敌也。虽就，亦似无敌可对；虽执，犹若无兵可挥。

戒惧之至，而不敢轻于敌。由不敢轻敌，所以能保全民命，不伤好生之仁。然祸之大者莫大于轻敌，以轻敌则多杀，多杀则伤慈，故几丧吾宝矣。抗兵，乃两敌相当，不相上下，难于决胜。但有慈心哀之者，则自胜矣。何则？以天道好生，助胜于慈者也。

由是观之，兵者对敌，必争必杀以取胜；今乃以不争不杀而胜之，盖以慈为本故也。足见慈乃不争之德，施于必争之地，而以不争胜之之，岂非大有力乎？用之于敌尚如此，况乎圣人无物为敌，而以平等大慈，并包万物，又何物而可胜之耶？故前云“不争之德，是谓用人之力。是谓配天，古之极”。

此章旧解多在用兵上说，全不得老子主意。今观初一句，乃借用兵之言，至轻敌丧宝，则了然明白，是释上“慈”字，以明不争之德耳。

七十章

吾言甚易知，甚易行。天下莫能知，莫能行。言有宗，事有君。夫惟无知，是以不我知。知我者希，则我者贵。是以圣人被褐怀玉。

此章示人立言之指，使知而行之，欲其深造而自得也。

老子自谓我所言者，皆人人日用中最省力一著工夫，明明白白，甚容易知，容易行，只是人不能知，不能行耳。以我言言事事，皆以大道为主，非是漫衍荒唐之说，故曰“言有宗，事有君”。宗，君，皆主也。且如一往所说，绝圣弃智，虚心无我，谦下不争，忘形释智，件件都是最省力工夫，放下便是，全不用你多知多解，只在“休心”二字，岂不最易知最易行耶？

然人之所以不能知者，因从来人人都在知见上用心，除却“知”字，便无下落。以我无知无识一著，极难凑泊，所以人不知我耳，故曰“夫惟无知，是以不我知”。然无知一著，不独老子法门宗旨，即孔子亦同，如曰“吾有知乎哉？无知也，有鄙夫问于我，空空如也”，此岂不是孔圣亦以无知为心宗耶？此夫子见老子后，方得妙悟如此，故称“犹龙”，正谓此耳。

然以无知契无知，如以空合空；若以有知求无知，如以水投石。所以孔老心法，千古罕明，故曰“知我者希”。若能当下顿悟此心，则立地便是圣人，故曰“则我者贵”。则，谓法则，言取法也。圣人怀此虚心妙道以游世，则终日与人周旋，对面不识，故如披褐怀王。永嘉云：“贫则身常披缕褐，道则心藏无价珍。”

此一章书，当在末后结束。盖老子向上一往所言天人之蕴，至此已发露太尽，故著此语。后章只是要人在日用著力做工夫，以至妙悟而后已。

七十一章

知不知，上。不知知，病。夫惟病病，是以不病。圣人不病，以其病病，是以不病。

此承上言“惟无知，是以不我知”，恐人错认无知，故重指出无知之地也。

然世人之知，乃敌物分别之知，有所知也。圣人之知，乃离物绝待，照体独立之知，无所知也。故圣人之无知，非断灭无知，乃无世人之所知耳。无所知，乃世人所不知也；世人所不知，乃圣人之独知。人能知其所不知之地，则为上矣，故曰“知不知，上”。

若夫臆度妄见，本所不知，而强自以为知；或错认无知为断灭，同于木石之无知。此二者皆非真知，适足为知之病耳，故曰“不知知，病”。若尚知此二者为知之病，则知见顿亡，可造无知之地，而无强知妄知之病矣，故曰“夫惟病病，是以不病”。圣人但无强妄之知，故称无知，非是绝然断灭无知也，故曰“圣人不病”。

此段工夫，更无别样玄妙，唯病其妄知强知是病而不用，是以不堕知病之中，而名无知。此无知，乃真知。若知此真知，则终日知而无所知，斯实圣人自知之明，常人岂易知哉？此所以易知易行，而世人不能知不能行也。

古云："知之一字，众妙之门；知之一字，众祸之门。"然圣人无知之地，必假知以入，若悟无知，则妄知自泯，此乃"知之一字，众妙之门"也。若执有知以求无知，则反增知障，此乃"众祸之门"，正是此中知之病也。"知不知，上"，最初"知"字，正是入道之要。永嘉云："所谓知者，但知而已。"此句最易而难明，学者日用工夫，当从此入。

七十二章

民不畏威，大威至矣。无狭其所居，无厌平声。**其所生。夫惟不厌，是以不厌。**去声。**是以圣人自知不自见，自爱不自贵。故去彼取此。**

此章教人遗形去欲，为入道之工夫，以造圣人无知之地也。

凛然赫然而可畏者，谓之威，如云寒威、炎威是也。是则凡可畏者，皆谓之威。唯国之大罚，与天地之肃杀，乃大威也，此借以为戕生伤性者之喻。世人以为小恶不足戒，而不知畏，必致杀身而后已，此民不畏威，大威至矣。喻世人只知嗜欲养生，而不知养生者皆足以害生而可畏也。且若嗜酒色，必死于酒色；嗜利欲，必死于利欲；嗜饮食，必死于饮食。是则但有所嗜，而不知畏，必至于戕生伤性而后已，此不畏威，故大威至矣。

然人但知嗜而不知畏者，以其止知有身之可爱，有生之可贵，以此为足，而不知大有过于此者，性也。且吾性之广大，与太虚同体，乃吾之真宅也。苟以性视身，则若大海之一沤，太虚之一尘耳，至微小而不足贵者。人不知此，而但以藐尔之身，以为所居之地，将为至足，而贵爱之，则狭陋甚矣，故戒之曰：“无狭其所居。”狭其居者，将以此身此生为至足也，故又戒之曰：“无厌其所生。”厌，足也。若知此身此生之不足贵，则彼物欲固能伤生，亦不足以害我矣，以其无死地也，故曰“夫惟不厌，是以不厌”。厌，弃也。

故圣人自知尊性，而不见生之可养；自爱遗形，而不见身之可贵。此圣人之所独知，世人之所不知也，故去彼众人之所知，取彼所不知以为道之要妙耳。以此足见世人之所知者，皆病也；圣人病之而不取，故不病也。

后三章互相发明此章之旨。

七十三章

勇于敢，则杀；勇于不敢，则活。此两者，或利或害。天之所恶，孰知其故？是以圣人犹难之。天之道不争善胜，不言而善应，不召而自来。繟 音阐，舒缓也。**然而善谋。天网恢恢，疏而不失。**

此言天命可畏，报应昭然，教人不可轻忽也。

勇者，决定之志也。敢者，不计利害而决于为也。杀、活，死、生也。谓凡世人作事，不顾利害，不怕死生，而敢为之，然敢乃必死之地，故曰“勇于敢，则杀”。若用志于不敢为，是足以保身全生，故曰“勇于不敢，则活”。此天道必然之理也。且此二者，亦有敢而生，不敢而死者。

至若颜子夭，而盗蹠寿，此乃当害而利，当利而反害者，何耶？况天道好谦而恶盈，与善而恶恶，是则为恶者，当恶而不恶，斯岂报应差舛耶？世皆疑之，故解之曰：“天之所恶，孰能知其故？”故，所以然也。孔子曰：“无求生以害仁，有杀身以成仁。”

由此观之，生存而仁害，虽生亦死；身灭而仁成，虽死亦生。斯则蹠非寿，颜非夭矣。此乃天道所以然之妙，而非世人所易知，是以圣人于此犹难之，不敢轻忽，而敬畏之，所谓“畏天之威，于时保之”也。

故下文历示天道之所以。逆天者亡，故不争而善胜；感应冥符，故不言而善应；吉凶祸福如影响，故不召而自来。然报愈迟，而恶愈深，祸愈惨，故绰然而善谋。以报速者有所警，报缓则不及悔，必至尽绝而后已，此所谓“善谋”也。是则天道昭昭在上，如网之四张，虽恢恢广大，似乎疏阔，其实善恶感应，毫发不遗，此所谓“疏而不失”也。

世人不知天命之如此，乃以敢、以强、以争竞于名利之场，将谓一身之谋，不顾利害死生而为之，自谓智力以致之。盖不知命之过，皆取死之道也，可不畏哉？

七十四章

民不畏死，奈何以死惧之？若使民常畏死而为奇者，吾将执而杀之。孰敢？常有司杀者杀。夫代司杀者杀，是谓代大匠斫。夫代大匠斫者，希有不伤手矣。

此承上章天道无言，而赏罚不遗，以明治天下者当敬天保民，不可有心尚杀以伤慈也。

治天下者，不知天道，动尚刑威，是以死惧民也，老子因而叹之曰："民不畏死，奈何以死惧之耶？"以愚民无知，但为养生口体之故，或因利而行劫夺，或贪欲而嗜酒色，明知日蹈死亡，而安心为之，是不畏死也。如此者众，岂得人人而尽杀之耶？若民果有畏死之心，但凡有为奇诡之行者，吾执一人而杀之，则足以禁天下之暴矣。如此，谁又敢为不法耶？民既不畏死，杀之无益，适足以伤慈耳。

夫天之生民，必有以养之。而人不知天，不安命，横肆贪欲以养生，甚至不顾利害，而无忌惮以作恶，是乃不畏天威。天道昭昭，必将有以杀之矣。是居常自有司杀者杀，无庸有心以杀之也，所谓天生天杀，道之理也。今夫人主，操生杀之权，乃代天之威以保民者。若民恶贯盈，天必杀之，人主代天以行杀，故云“代司杀者杀”，如代大匠斫也。

且天鉴昭明，毫发不爽，其于杀也，运无心以合度，挥神斤以巧裁，不疾不徐，故如大匠之斫，运斤成风而不伤锋犯手。至若代大匠斫者，希有不伤手矣。何也？夫有心之杀，乃嗜杀也，嗜杀伤慈。且天之司杀，实为好生。然天好生，而人好杀，是不畏天而悖之，反取其殃，此所以为自伤其手也。

孟子曰：“不嗜杀人者能一之。”此语深得老子之余意。故轲力排杨墨，而不及老庄，良有以焉。至哉仁人之言也！

七十五章

民之饥，以其上食税之多，是以饥。民之难治，以其上之有为，是以难治。民之轻死，以其求生之厚，是以轻死。夫惟无以生为者，是贤于贵生。

此释上章“民不畏死”之所以，教治天下者当以淡泊无欲为本也。

凡厥有生，以食为命。故无君子莫治野人，无小人[①]莫养君子，是则上下同一命根也。然在上之食，必取税下民，一夫之耕，不足以养父母妻子。若取之有制，犹可免于饥寒；若取之太多，则夺民之食以自奉，使民不免于死亡。凡贼盗起于饥寒也，民既饥矣，求生不得，而必至于奸盗诈伪，无不敢为之者。虽有大威，亦不畏之矣。

是则民之为盗，由上有以驱之也。既驱民以致盗，然后用智术法令以治之，故法令兹彰，盗贼多有，此民所以愈难治。虽有斧钺之诛，民将轻死而犯之矣。由是推之，民之轻死，良由在上

① “小人”，宜作“野人”。

求生之厚以致之，非别故也。厚，重也。此句“求”[①]前，当有一“上”字，方尽其妙。

然重于求生，以但知生之可贵，而以养生为事，不知有生之主。苟知养生之主，则自不见有身之可爱，有生之可贵。欲自消而心自静，天下治矣，所谓“我无为而民自化，我好静而民自正，我无事而民自富，我无欲而民自朴”，故曰“夫惟无以生为者，是贤于贵生”。贤，犹胜也。

此中妙处，难尽形容。当熟读庄子《养生主》《马蹄》《胠箧》诸篇，便是注解。又当通前四章，反复参玩，方见老子吃紧处。

① “求”，原作“影”，据文义改。

七十六章

人之生也柔弱，其死也坚强。万物草木之生也柔脆，其死也枯槁。故坚强者死之徒，柔弱者生之徒。是以兵强则不胜，木强则共。音拱，两手合围也。**强大处下，柔弱处上。**

此章伤世人之难化，欲在上者当先自化，而后可以化民也。结句乃本意，上文皆借喻以明之耳。

经曰："此土众生，其性刚强，难调难化。"故老子专以虚心、无为、不敢，为立教之本，全篇上下专尚柔弱，而斥刚强。故此云"坚强者死之徒，柔弱者生之徒"，乃借人物草木为喻，是以兵喻戒惧，木喻心虚。言兵若临事而惧，不敢轻敌，故能全师以自胜，是以全生为上，而多死为下也。木之枝条，以冲气为和，故欣欣向荣，而生意自见，是以虚心柔弱在上。若成拱把，则粗干坚强者在下矣。

以此足知戒惧虚心、柔弱翕受者，方可处于民上也。若夫坚强自用，敢于好为，则终无有生意矣。此语大可畏哉！

七十七章

天之道，其犹张弓乎。高者抑之，下者举之；有余者损之，不足者补之。天之道，损有余，而补不足。人之道则不然，损不足以奉有余。孰能有余以奉天下？唯有道者。是以圣人为而不恃，功成而不处。其不欲见贤耶？

此言天道之妙，以明圣人法天以制用也。

弓之为物，本弰高而有余，弰下而不足，乃弛而不用也。及张而用之，则抑高举下，损弰有余之力，以补弰之不足。上下均停，然后巧于中的，否则养由、逢蒙，无所施其巧矣。

天之道亦犹是也，以其但施而不受，皆损一气之有余，以补万物之不足，均调适可，故各遂其生。人道但受而不施，故人主以天下奉一己，皆损百姓之不足，以补一人之有余，裒寡益多，故民不堪其命。

谁能损有余以奉天下哉？唯有道者，达性分之至足，一身之外皆余物也。故尧舜有天下而不与，即以所养而养民，乃能以有余奉不足也。是以圣人与道为一，与天为徒，故法天制用，虽为而不恃其能，虽成而不居其功，此损之至也。损已至，故天下乐推而不厌，虽不欲见贤，不可得也。“其不欲见贤耶”一句，谓我心本不欲见贤，而人自以我为贤矣。此益也，由损而至。故“唯天为大，唯尧则之”，此之谓也。

七十八章

天下莫柔弱于水，而攻坚强者莫之能先，以其无以易之也。故柔之胜刚，弱之胜强。天下莫不知，莫能行。是以圣人云：“受国之垢，是谓社稷主；受国之不祥，是谓天下王。”正言若反。

此结通篇柔弱之意，欲人知而能行也。

“无以易之”，易，轻易也。即《左传》训师“无易敌”之“易”，谓师之柔弱，则敌人有以料而易之以取胜。至若水之柔弱，则人莫能料。莫能料，故无以易之，而卒莫能以取胜，此所以攻坚强者莫之能先。莫能先，谓无有过于此也。世人皆以柔弱为不足取，率轻易之。故天下皆知之而莫能行，以柔弱为垢辱不美之称故也。

祥，犹嘉美也。是以凡称人君，则曰乾刚能断有为，遂以为明君。若夫无为，则国人皆以柔弱为耻辱而不美矣。故圣人云：“果能以柔弱处上，恬澹无为，能受一国之耻垢者，则为社稷真主；能受一国不美之名者，则为天下明王矣。”如尧之垂拱无为，则野老讴曰：“帝力何有于我哉。”此受国之垢也。然柔弱无为，乃合道之正言，但世俗以为反耳。

七十九章

和大怨，必有余怨，安可以为善？是以圣人执左契而不责于人。有德司契，无德司彻。天道无亲，常与善人。

此言圣人无心之恩，但施而不责报，此为当时计利者发也。

然恩生于怨，怨生于恩。当时诸侯两相构怨，霸者主盟而为和之。大怨既和，而必责报，报之不至，而怨亦随之，是有余怨也。庄子云："贼莫大于德有心。"故曰"安可以为善"。

是以圣人无心之德，但施而不责报，故如贷之执左契，虽有而若无也。契，贷物之符券也。合同剖之，而有左右，贷者执右，物主执左，所以责其报也。有德司契，但与而不取，徒存虚契。无德司彻，不计彼之有无，必征其余，如赋彻耳。彻，周之赋法。谓时至必取于民，而无一毫假借之意。

然上责报而下计利，将谓与而不取，为失利也。殊不知失于人，而得于天，故曰"天道无亲，常与善人"。且施而不取，我既善矣。人不与而天必与之，所谓"自天佑之，吉无不利"。岂常人所易知哉？

八十章

小国寡民，使有什伯人之器而不用，使民重死而不远徙。虽有舟舆，无所乘之；虽有甲兵，无所陈之。使民复结绳而用之。甘其食，美其服，安其居，乐其俗。邻国相望，鸡狗之声相闻，民至老死不相往来。

此结通篇无为之益，施于治道，可复太古之化也。

什伯之器，并十曰什，兼百曰伯。器，材也。老子自谓以我无为之治，试于小国，纵使有兼十夫百夫之材者，亦无所用之，以民淳而无事故也。若国多事，烦扰于民，或穷兵致乱，重赋致饥，民不安其居，则轻死而去之。

今一切无之，故使民重死，而不远徙。舟舆，水陆之具。不远徙，故虽有舟车无所用；不尚争，故虽有甲兵无所陈。陈，列也。不用智，故可使结绳而用之如太古矣。民各自足其足，绝无外慕之心。不事口体，故以寻常衣食为甘美，以平居里俗为安乐，日与邻国鸡狗相闻。至近之地，民至老死而不相往来。如此，则淳朴之至，乃太古之化也。

老子所言，疾当时之弊，皆有为用智刚强，好争尚利，自私奉己，而不恤于民，故国乱民贫，而愈难治。所以治推上古，道合无为，全篇所论，不出乎此，盖立言之本旨也。故终篇以此，请试而行之，可以顿见太古鸿荒之化，言取效之速如此也。所谓“一日克己复礼，天下归仁”，深有味乎此言也。老氏之学，岂矫世绝俗之谓哉？

八十一章

信言不美，美言不信。善者不辩，辩者不善。知者不博，博者不知。圣人不积，既已为人己愈有，既已与人己愈多。天之道，利而不害；圣人之道，为而不争。

此结通篇立言之旨，以明老氏立教之宗也。

“信言不美”者，斯乃释疑之辞，以明道本无言，因言显道之意也。首章云“道，可道，非常道”，以可道之道，乃言说也，老子自谓道若可言，即非真道矣。今上下五千余字，岂非言耶？既已有言，则道非真矣。因于终篇以自解之，以释后世之疑耳。然信，旧注实也，谓真实之言，即由衷之言也。美言，华美之言，乃巧言也。老子意谓道本无言，因言以显，但我所言者，字字皆从真实理中流出，第藉之以彰道妙，故信实而不美，非若世人夸诞浮辞，虽美而不信也。

且世衰道微，人心不古，当时学者不达无言之旨，乃哓哓好辩尚博，各擅专门。如杨朱、墨翟、御寇、公孙之徒，祖述相传，以辩博为宗，自以为善，殊不知以多歧亡羊，多方丧真，去道转远。老子因而斥之曰：“孰知不言之教，不辩之辩哉？”以彼辩者，则不善于道，果善于道，则自不辩矣。

且道本无言，乃至约也，但了悟于心，可目击而喻，妙契无言，自不容声矣，何事于博哉？故曰“知者不博”。时人不知出此，徒事多闻，增益知见，以博为知，其实不知多言数穷，故曰“博者不知”。

以彼不知大道体虚，运而不积，而彼以积为务，故愈增障碍。殊不知有积则有散，有散则有穷；无积则无散，无散则无穷。由圣人体虚合道，忘言任真，了无所积。由其不积，则不穷，所谓“虚而不屈，动而愈出”。如枢得环中，以应无穷，故既已为人己愈有，既已与人己愈多也。

且天乃无言之圣，圣乃有言之天。以天道不积，其体至虚，故四时运而不竭，利尽万物而不伤其体，故曰“天之道，利而不害”。害，非害物之害，乃不伤己之意。圣人法天利用，故终日运用，为物作则，而了然无物可当于情，故曰“为而不争”。争，谓与物竞也。斯盖虚心游世，超然独立于万物之上矣。

老子学问工夫，真实直捷处，尽在于此。故结全书立言之旨，妙尽于是矣。学者勉哉！

附　录

观老庄影响论

——一名《三教源流异同论》

叙　意

西域诸祖，造论以破外道之执，须善自他宗。此方从古经论诸师，未有不善自他宗者。吾宗末学，安于孤陋，昧于同体，视为异物，不能融通教观，难于利俗。其有初信之士，不能深穷教典，苦于名相支离，难于理会。至于酷嗜老庄为文章渊薮，及其言论指归，莫不望洋而叹也。迨观诸家注释，各徇所见，难以折衷。及见《口义》《副墨》，深引佛经，每一言有当，且谓"一大藏经皆从此出"，而惑者以为必当，深有慨焉。

余居海上，枯坐之余，因阅《楞严》《法华》次，有请益老庄之旨者，遂蔓衍及此以自决，非敢求知于真人，以为必当之论也。且慨从古原教破敌者，发药居多，而启膏肓之疾者少，非不妙投，第未诊其病源耳。是故余以唯心识观而印决之，如摩尼圆照，五色相鲜，空谷传声，众响斯应。苟唯心识而观诸法，则彼自不出影响间也，故以名论。

论教源

尝观世之百工技艺之精，而造乎妙者，不可以言传；效之者，亦不可以言得。况大道之妙，可以口耳授受、语言文字而致哉？盖在心悟之妙耳。是则不独参禅，贵在妙悟，即世智辩聪，治世语言，资生之业，无有一法不悟而得其妙者，妙则非言可及也。故吾佛圣人说《法华》，则纯谭实相，乃至妙法，则未措一词，但云“如是”而已。

至若悟妙法者，但云善说法者，治世语言、资生业等，皆顺正法。而《华严》五地圣人，善能通达世间之学，至于阴阳术数、图书印玺、医方辞赋，靡不该练，然后可以涉俗利生。故等觉大士，现十界形，应以何身何法得度，即现何身何法而度脱之。由是观之，佛法岂绝无世谛，而世谛岂尽非佛法哉？由人不悟大道之妙，而自画于内外之差耳。道岂然乎？

窃观古今卫道藩篱者，在此则曰彼外道耳，在彼则曰此异端也。大而观之，其犹贵贱偶人，经界太虚，是非日月之光也，是皆不悟自心之妙，而增益其戏论耳。盖古之圣人无他，特悟心之妙者，一切言教，皆从妙悟心中流出，应机而示浅深者也，故曰“无不从此法界流，无不还归此法界”。是故吾人不悟自心，不知圣人之心；不知圣人之心，而拟圣人之言者，譬夫场人之欣戚，虽乐不乐，虽哀不哀，哀乐原不出于己有也。哀乐不出于己，而以己为有者，吾于释圣人之言者见之。

论心法

余幼师孔不知孔，师老不知老。既壮，师佛不知佛。退而入于深山大泽，习静以观心焉，由是而知三界唯心，万法唯识。既唯心识观，则一切形，心之影也；一切声，心之响也。是则一切圣人，乃影之端者；一切言教，乃响之顺者。由万法唯心所现，故治世语言、资生业等，皆顺正法，以心外无法，故法法皆真。迷者执之而不妙，若悟自心，则法无不妙。心法俱妙，唯圣者能之。

论去取

吾佛经尽出自西域，皆从翻译。然经之来，始于汉，至西晋方大盛。晋之译师，独称罗什为最，而什之徒，生、肇、融、睿四公，僧之麟凤也，而什得执役。然什于肇亦曰："余解不谢子，文当相揖耳。"盖肇尤善老庄焉。然佛经皆出金口所宣，而至此方，则语多不类，一经而数译者有之，以致浅识之疑，殊不知理实不差，文在译人之巧拙耳。故藏经凡出什之手者，文皆雅致，以有四哲左右焉。故《法华》理深辞密，曲尽其妙不在言；而《维摩》文势宛庄，语其理自昭著。

至于肇四论，则浑然无隙，非具正法眼者，断断难明，故惑者非之以空宗庄老孟浪之谈，宜矣。清凉观国师，华严菩萨也，至疏《华严》，每引《肇论》，必曰肇公，尊之也。尝窃论之，藉使肇见不正，则什何容在座？什眼不明，则译何以称尊？若《肇论》不经，则观又何容口？古今质疑颇多，而概不及此，何哉？

至观《华严疏》，每引老庄语甚夥，则曰“取其文，不取其意”。圭峰则谓二氏不能原人，《宗镜》辟之尤著。然上诸师，皆应身大士，建大法幢者，何去取相左如此？尝试论之，抑各有所主也。盖西域之语，质直无文，且多重复，而译师之学不善两方者，则文多鄙野，大为理累。

盖中国圣人之言，除五经束于世教，此外载道之言者，唯老一书而已。然老言古简，深隐难明，发挥老氏之道者，唯庄一人而已。《笔乘》有言：“老之有庄，犹孔之有孟。”斯言信之。然孔称老氏“犹龙”，假孟而见庄，岂不北面耶？间尝私谓中国去圣人，即上下千古负超世之见者，去老唯庄一人而已；载道之言，广大自在，除佛经，即诸子百氏究天人之学者，唯庄一书而已。藉令中国无此人，万世之下不知有真人；中国无此书，万世之下不知有妙论。

盖吾佛法广大微妙，译者险辞以济之，理必沉隐，如《楞伽》是已。是故什之所译称最者，以有四哲为之辅佐故耳。观师有言“取其文，不取其意”，斯言有由矣。设或此方有过老庄之言者，肇必舍此而不顾矣。由是观之，肇之经论用其文者。盖肇宗《法华》，所谓善说法者，世谛语言、资生业等，皆顺正法，乃深造实相者之所为也。圭峰少而《宗镜》远之者，孔子作《春秋》假天王之令而行赏罚，二师其操法王之权而行褒贬欤？清凉则浑融法界，无可无不可者。故取而不取，是各有所主也。

故余于《法华》见观音三十二应，则曰：“应以婆罗门身得度，即现其身而为说法。”至于妙庄严二子则曰：“汝父信受外道，深著婆罗门法。”且二子亦悔生此邪见之家。盖此方老庄，即西域婆罗门类也。然此刚为现身说法，旋即斥为外道邪见，何也？盖在著与不著耳。由观音圆通无碍，则不妨现身说法；由妙庄深生执著，故为外道邪见。是以圣人教人，但破其执，不破其法。是凡执著音声色相者，非正见也。

论学问

余每见学者披阅经疏，忽撞引及子史之言者，如拦路虎，必惊怖不前。及教之亲习，则曰“彼外家言耳”，掉头弗顾。抑尝见士君子为庄子语者，必引佛语为证，或一言有当，且曰“佛一大藏尽出于此”。嗟乎，是岂通达之谓耶？质斯二者，学佛而不通百氏，不但不知世法，而亦不知佛法；解庄而谓尽佛经，不但不知佛意，而亦不知庄意。此其所以难明也。故曰：“自大视细者不尽，自细视大者不明。”余尝以三事自勖曰：“不知《春秋》，不能涉世；不知老庄，不能忘世；不参禅，不能出世。”知此，可与言学矣。

论教乘

或问：“三教圣人本来一理，是果然乎？”曰：若以三界唯心，万法唯识而观，不独三教本来一理，无有一事一法，不从此心之所建立；若以平等法界而观，不独三圣本来一体，无有一人一物，不是毗卢遮那海印三昧威神所现。故曰：不坏相而缘起，染净恒殊；不舍缘而即真，圣凡平等。

但所施设有圆融行布、人法权实之异耳。圆融者，一切诸法，但是一心，染净融通，无障无碍。行布者，十界、五乘、五教理事、因果浅深不同。所言十界，谓四圣、六凡也；所言五教，谓小、始、终、顿、圆也；所言五乘，谓人、天、声闻、缘觉、菩萨也。佛则最上一乘矣。然此五乘，各有修进，因果阶差，条然不紊。

所言人者，即盖载两间，四海之内，君长所统者是已，原其所修，以五戒为本。所言天者，即欲界诸天，帝释所统，原其所修，以上品十善为本；色界诸天，梵王所统，无色界诸天，空定所持，原其所修，上品十善，以有漏禅九次第定为本。此二乃界内之因果也。所言声闻所修，以四谛为本；缘觉所修，以十二因缘为本；菩萨所修，以六度为本。此三乃界外之因果也。佛则圆悟一心，妙契三德，摄而为一，故曰圆融；散而为五，故曰行布。然此理趣，诸经备载。由是观之，则五乘之法，皆是佛法；五乘之行，皆是佛行。良由众生根器大小不同，故圣人设教浅深不一，无非应机施设，所谓“教不躐等”之意也。

由是证知，孔子，人乘之圣也，故奉天以治人。老子，天乘之圣也，故清净无欲，离人而入天。声闻、缘觉，超人天之圣也，故高超三界，远越四生，弃人天而不入。菩萨，超二乘之圣也，出人天而入人天，故往来三界，救度四生，出真而入俗。佛则超圣凡之圣也，故能圣能凡，在天而天，在人而人，乃至异类分形，无往而不入。且夫能圣能凡者，岂圣凡所能哉？

据实而观，则一切无非佛法，三教无非圣人。若人若法，统属一心；若事若理，无障无碍，是名为佛。故圆融不碍行布，十界森然；行布不碍圆融，一际平等。又何彼此之分，是非之辩哉？故曰：或边地语说四谛，或随俗语说四谛。盖人天随俗而说四谛者也。

原彼二圣，岂非吾佛密遣二人，而为佛法前导者耶？斯则人法皆权耳。良由建化门头，不坏因果之相，三教之学皆防学者之心，缘浅以及深，由近以至远。是以孔子欲人不为虎狼禽兽之行也，故以仁义礼智授之，姑使舍恶以从善，由物而入人。修先王之教，明赏罚之权，作《春秋》以明治乱之迹，正人心，定上下，以立君臣父子之分，以定人伦之节。其法严，其教切，近人情而易行。但当人欲横流之际，故在彼汲汲犹难之。吾意中国非孔氏，而人不为禽兽者几希矣。虽然，孔氏之迹固然耳，其心岂尽然耶？况彼明言之曰“毋意，毋必，毋固，毋我”，观其济世之心，岂非据菩萨乘，而说治世之法者耶？经称儒童，良有以也。

而学者不见圣人之心，将谓其道如此而已矣。故执先王之迹以挂功名，坚固我执，肆贪欲而为生累，至操仁义而为盗贼之资，启攻斗之祸者，有之矣。故老氏愍之曰：“斯尊圣用智之过也，若绝圣弃智，则民利百倍；剖斗折衡，则民不争矣。”甚矣，贪欲之害也，故曰“不见可欲，使心不乱”。故其为教也，离欲清净，以静定持心，不事于物，澹泊无为，此天之行也。使人学此，离人而入于天。

由其言深沉，学者难明，故得庄子起而大发扬之。因人之固执也深，故其言之也切。至于诽尧舜，薄汤武，非大言也，绝圣弃智之谓也。治推上古，道越羲皇，非漫谈也，甚言有为之害也。诋訾孔子，非诋孔子，诋学孔子之迹者也。且非实言，乃破执之言也，故曰：“寓言十九，重言十七。”诃教劝离，隳形泯智，意使离人入天，去贪欲之累故耳。至若精研世故，曲尽人情，破我执之牢关，去生人之大累，寓言曼衍，比事类辞，精切著明，微妙玄通，深不可识。此其说人天法，而具无碍之辩者也，非夫现婆罗门身而说法者耶？何其游戏广大之若此也。粃糠尘世，幻化死生，解脱物累，逍遥自在，其超世之量何如哉？

尝谓五伯僭窃之余，处士横议，充塞仁义之途，若非孟氏起而大辟之，吾意天下后世难言矣。况当群雄吞噬之剧，举世颠暝，亡生于物欲，火驰而不返者众矣。若非此老崛起，攘臂其间，后世纵有高洁之士，将亦不知轩冕为桎梏矣。均之济世之功，又何如耶？

然其工夫由静定而入，其文字从三昧而出。后人以一曲之见而窥其人，以浊乱之心而读其书，茫然不知所归趣。苟不见其心而观其言，宜乎惊怖而不入也。且彼亦曰："万世之后，而一遇大圣知其解者，是旦暮遇之也。"然彼所求之大圣，非佛而又其谁耶？吾意彼为吾佛破执之前矛，斯言信之矣。世人于彼尚不入，安能入于佛法乎？

论工夫

吾教五乘进修工夫，虽各事行不同，然其修心，皆以止观为本。故吾教止观，有大乘，有小乘，有人天乘，四禅八定，九通明禅。

孔氏亦曰："知止而后有定。"又曰："自诚明。"此人乘止观也。老子曰："常无，欲以观其妙；常有，欲以观其徼。"又曰："万物并作，吾以观其复。"庄子亦曰："莫若以明。"又曰："圣人不由，而照之于天。”又曰：“人莫鉴于流水，而鉴于止水。惟止，能止众止也。”又曰：“大定持之。”至若“百骸九窍，赅而存焉，吾谁与为亲？”又曰：“咸其自取，怒者其谁耶？”至若黄帝之退居，颜子之心斋，丈人承蜩之喻，仲尼梦觉之论，此其静定工夫，举皆释形去智，离欲清净。所谓厌下苦粗障，欣上净妙离，冀去人而入天。按教所明，乃舍欲界生，而生初禅者，故曰“宇泰定者，发乎天光”。此天乘止观也。

《首楞严》曰：“一切世间所修心人，爱染不生，无留欲界，是人应念身为梵侣。”又曰：“欲习既除，离欲心现，是人应时能行梵德，名为梵辅。”又曰：“清净禁戒，加以明悟，是人应时能统梵众，为大梵王。”又曰：“此三胜流，一切烦恼所不能逼。虽非正修真三摩地，清净心中，诸漏不动，名为初禅。至于澄心不动，湛寂生光，倍倍增胜，以历二三四禅。精见现前，陶铸无碍，以至究竟群几，穷色性性，入无边际，名色究竟天。”此其证也。

由是观之，老氏之学，若谓大患莫若于有身，故灭身以归无；劳形莫先于有智，故释智以沦虚，此则有似二乘。且出无佛世，观化知无，有似独觉。原其所宗，虚无自然，即属外道。观其慈悲救世之心，人天交归，有无双照，又似菩萨。盖以权论，正所谓现婆罗门身而说法者；据实判之，乃人天乘精修梵行而入空定者是也。所以能济世者，以大梵天王为娑婆主，统领世界，说十善法，救度众生。据《华严》地上菩萨为大梵王，至其梵众，皆实行天人，由人乘而修天行者，此其类也无疑矣。吾故曰“庄语纯究天人之际”，非孟浪之谈也。

论行本

原夫即一心而现十界之像，是则四圣六凡，皆一心之影响也，岂独人天为然哉？究论修进阶差，实自人乘而立，是知人为凡圣之本也。故裴休有言曰：“鬼神沉幽愁之苦，鸟兽怀獝狘之悲，修罗方瞋，诸天耽乐，可以整心虑，趣菩提，唯人道为能耳。”由是观之，舍人道无以立佛法，非佛法无以尽一心。是则佛法以人道为镃基，人道以佛法为究竟。故曰：“菩提所缘，缘苦众生；若无众生，则无菩提。”此之谓也。

所言人道者，乃君臣父子夫妇之间，民生日用之常也。假而君君臣臣，父父子子，不识不知，无贪无竞，如幻化人，是为诸上善人俱会一处，即此世界为极乐之国矣，又何庸夫圣人哉？奈何人者，因爱欲而生，爱欲而死，其生死爱欲者，财、色、名、食、睡耳。由此五者，起贪爱之心，构攻斗之祸，以致君不君，臣不臣，父不父，子不子。虽先王之赏罚，不足以禁其心，适一己无厌之欲，以结未来无量之苦。是以吾佛愍之曰：“诸苦所因，贪欲为本；若灭贪欲，无所依止。”故现身三界，与民同患，乃说离欲出苦之要道耳。且不居天上而乃生于人间者，正示十界因果之相，皆从人道建立也。

然既处人道，不可不知人道也，故吾佛圣人不从空生，而以净梵为父、摩耶为母者，示有君亲也；以耶输为妻，示有夫妇也；以罗侯为子，示有父子也。且必舍父母而出家，非无君亲也，割君亲之爱也；弃国荣而不顾，示名利为累也；掷妻子而远之，示贪欲之害也；入深山而苦修，示离欲之行也；先习外道四遍处定，示离人而入天也；舍此而证正遍正觉之道者，示人天之行不足贵也。成佛之后，入王宫而舁父棺，上忉利而为母说法，示佛道不舍孝道也；依人间而说法，示人道易趣菩提也；假王臣为外护，示处世不越世法也。此吾大师示现度生之楷模，垂诫后世之弘范也。

嗟乎，吾人为佛弟子，不知吾佛之心；处人间世，不知人伦之事。与之论佛法，则笼侗真如，瞒顸佛性；与之论世法，则触事面墙，几如梼昧；与之论教乘，则曰枝叶耳，不足尚也；与之言六度，则曰菩萨之行，非吾所敢为也；与之言四谛，则曰彼小乘耳，不足为也；与之言四禅八定，则曰彼外道所习耳，何足齿也；与之言人道，则茫不知君臣父子之分，仁义礼智之行也。嗟乎，吾人不知何物也，然而好高慕远，动以口耳为借资，竟不知吾佛教人出世，以离欲之行为第一也，故曰："离欲寂静，最为第一。"

以余生人道，不越人乘，故幼师孔子；以知人欲为诸苦本，志离欲行，故少师老庄；以观三界唯心，万法唯识，知十界唯心之影响也，故皈命佛。

论宗趣

老氏所宗虚无大道，即《楞严》所谓晦昧为空，八识精明之体也。然吾人迷此妙明一心，而为第八阿赖耶识，依此而有七识为生死之根，六识为造业之本，变起根身器界生死之相。是则十界圣凡，统皆不离此识，但有执破染净之异耳。以欲界凡夫，不知六尘五欲境界，唯识所变，乃因六识分别，起贪爱心，固执不舍，造种种业，受种种苦，所谓人欲横流。

故孔子设仁义礼智教化为堤防，使思无邪，姑舍恶而从善，至于定名分，正上下，然其道未离分别。即所言静定工夫，以唯识证之，斯乃断前六识分别邪妄之思，以袪斗诤之害；而要归所谓妙道者，乃以七识为指归之地，所谓生机道原，故曰“生生之谓易”是也。

至若老氏以虚无为妙道，则曰“谷神不死”，又曰“死而不亡者寿”，又曰“生生者不生”。且其教以绝圣弃智、忘形去欲为行，以无为为宗极，斯比孔则又进。

观生机深脉，破前六识分别之执，伏前七识生灭之机，而认八识精明之体，即《楞严》所谓罔象虚无、微细精想者，以为妙道之源耳，故曰“惚兮恍，其中有象；恍兮惚，其中有物”。以其此识乃全体无明，观之不透，故曰“杳杳冥冥，其中有精”。以其识体不思议熏、不思议变，故曰“玄之又玄”，而称之曰妙道。以天地万物皆从此中变现，故曰“天地之根，众妙之门”。不知其所以然而然，故庄称“自然”。且老乃中国之人也，未见佛法，而深观至此，可谓捷疾利根矣。借使一见吾佛而印决之，岂不顿证真无生耶？

吾意西涉流沙，岂无谓哉？大段此识，深隐难测。当佛未出世时，西域九十六种，以六师为宗，其所立论百什，至于得神通者甚多，其书又不止此方之老庄也。洎乎吾佛出世，灵山一会英杰之士，皆彼六师之徒，且其见佛，不一言而悟，如良马见鞭影而行。岂非昔之工夫有在，但邪执之心未忘，故令见佛，只在点化之间以破其执耳。故佛说法，原无赘语，但就众生所执之情，随宜而击破之，所谓“以楔出楔”者，本无实法与人也。至于楞严会上，微细披剥，次第征辩，以破因缘自然之执，以断凡夫外道二乘之疑。

而看教者不审乎此，但云彼西域之人耳，此东土之人也。人有彼此，而佛性岂有二耶？且吾佛为三界之师，四生之父，岂其说法，止为彼方之人，而此十万里外，则绝无分耶？

然而一切众生，皆依八识而有生死，坚固我执之情者，岂只彼方众生有执，而此方众生无之耶？是则此第八识，彼外道者，或执之为冥谛，或执之为自然，或执之为因缘，或执之为神我。即以定修心生于梵天，而执之为五现涅槃，或穷空不归而入无色界天，伏前七识生机不动，进观识性，至空无边处、无所有处，以极非非想处。此乃界内修心，而未离识性者。故曰“学道之人不识真，只为从前认识神。无量劫来生死本，痴人认作本来人”者，是也。

至于界外声闻，已灭三界见思之惑，已断三界生死之苦，已证无为寂灭之乐，八识名字尚不知，而亦认为涅槃，将谓究竟归宁之地，且又亲从佛教得度，犹费吾佛四十年弹诃淘汰之功。至于法华会上，犹怀疑佛之意，谓以小乘而见济度，虽地上菩萨，登七地已，方舍此识，而犹异熟未空。

由是观之，八识为生死根本，岂浅浅哉？故曰：“一切世间诸修行人，不能得成无上菩提，乃至别成声闻、缘觉，及成外道，诸天魔王，及魔眷属，皆由不知二种根本。一者无始生死根本，则汝今者与诸众生，用攀缘心为自性者；二者无始涅槃元清净体，则汝今者识精元明，能生诸缘，缘所遗者。”正此之谓也。

噫，老氏生人间世，出无佛世，而能穷造化之原，深观至此，即其精进工夫，诚不易易，但未打破生死窠窟耳。古德尝言：“孔助于戒，以其严于治身；老助于定，以其精于忘我。二圣之学，与佛相须而为用。”岂徒然哉？据实而论，执孔者，涉因缘；执老者，堕自然。要皆未离识性，不能究竟一心故也。佛则离心意识，故曰：“本非因缘，非自然性，方彻一心之源耳。”此其世、出世法之分也。

故佛所破，正不止此，即出世三乘，而亦皆在其中矣。世人但见庄子诽尧舜，薄汤武，诋訾孔子之徒，以为惊异。若闻世尊诃斥二乘以为焦芽败种，悲重菩萨以为佛法阐提，又将何如耶？然而佛诃二乘，非诃二乘，诃执二乘之迹者，欲其舍小趣大也。所谓庄诋孔子，非诋孔子，诋学孔子之迹者，欲其绝圣弃智也，要皆遣情破执之谓也。若果情忘执谢，其将把臂而游妙道之乡矣。方且欢忻至乐之不暇，又何庸夫愦愦哉？

此其华严地上菩萨，而于涂炭事灰、卧棘投针之俦，靡不现身其中，与之而作师长也。苟非佛法，又何令彼入佛法哉？故彼六师之执帜，非佛不足以拔之。吾意老庄之大言，非佛法不足以证。向之信乎游戏之谈，虽老师宿学，不能自解免耳。今以唯心识观，皆不出乎影响矣。

此论创意，盖予居海上时，万历戊子冬，乞食王城，尝与洞观居士夜谈所及，居士大为抚掌。庚寅夏日，始命笔焉。藏之既久，向未拈出。甲午冬，随缘王城，拟请益于弱侯焦太史，不果。明年乙未春，以弘法罹难，其草业已遗之海上矣，仍遣侍者往残简中搜得之。秋，蒙恩遣雷阳，达观禅师由匡庐杖策候予于江上。冬十一月，予方渡江，晤师于旅泊庵，夜坐出此，师一读三叹曰："是足以祛长迷也。"即命弟子如奇刻之以广法施，予固止之。戊戌夏，予寓五羊时，与诸弟子结制垒壁间，为众演《楞严》宗旨，门人宝贵，见而叹喜，愿竭力成之，以卒业焉。

噫，欲识佛性义，当观时节因缘。此区区片语，诚不足为法门重轻。创意于十年之前，而克成于十年之后，作之于东海之东，而行之于南海之南，岂机缘偶会而然耶？道与时也，庸可强乎？然此盖因观老庄而作也，故以名论。

万历戊戌除日憨山道人清书于楞伽室

病后俗冗，近始读大制《曹溪通志》及《观老庄影响论》等书，深为叹服。所谓"不知《春秋》，不能涉世；不知老庄，不能忘世；不参禅，不能出世"，及"孔子人乘之圣，老子天乘之圣，佛能圣能凡、能人能天之圣"，如此之类，百世不易之论也。起原再稽颡。

崇文学术文库·西方哲学

01. 靳希平　吴增定：十九世纪德国非主流哲学——现象学史前史札记
02. 倪梁康　现象学的始基：胡塞尔《逻辑研究》释要（内外编）
03. 陈荣华　海德格尔《存有与时间》阐释
04. 张尧均　隐喻的身体：梅洛－庞蒂身体现象学研究（修订版）
05. 龚卓军　身体部署：梅洛－庞蒂与现象学之后
06. 游淙祺　胡塞尔的现象学心理学
07. 刘国英　法国现象学的踪迹：从萨特到德里达[待出]
08. 方红庆　先验论证研究
09. 倪梁康　现象学的拓展：胡塞尔《意识结构研究》述记
10. 杨大春　沉沦与拯救：克尔凯戈尔精神哲学研究
11. 刘胜利　身体、空间与科学——梅洛－庞蒂的空间现象学研究（增订版）[待出]

崇文学术文库·中国哲学

01. 马积高　荀学源流
02. 康中乾　魏晋玄学史
03. 蔡仲德　《礼记·乐记》《声无哀乐论》注译与研究
04. 冯耀明　“超越内在”的迷思：从分析哲学观点看当代新儒学
05. 白　奚　稷下学研究：中国古代的思想自由与百家争鸣
06. 马积高　宋明理学与文学
07. 陈志强　晚明王学原恶论
08. 郑家栋　现代新儒学概论（修订版）[待出]
09. 张　觉　韩非子考论
10. 佐藤将之　参于天地之治：荀子礼治政治思想的起源与构造
11. 任剑涛　伦理政治研究：从早期儒学视角的理论透视[待出]
12. 栾调甫　墨子研究论文集[待出]
13. 容肇祖　明代思想史

崇文学术·逻辑

1.1 章士钊：逻辑指要　　1.2 金岳霖：逻辑
1.3 傅汎际 译义，李之藻 达辞：名理探
1.4 穆　勒 著，严复 译：穆勒名学　　1.5 耶方斯 著，王国维 译：辨学
1.6 亚里士多德 著：工具论（五篇 英文）
2.1 刘培育：中国名辩学　　2.2 胡　适：先秦名学史（英文）
2.3 梁启超：墨经校释　　2.4 陈　柱：公孙龙子集解
2.5 栾调甫：墨辩讨论　　2.6 谭戒甫：墨经易解
3.1 窥基、神泰：因明入正理论疏　因明正理门论述记（金陵本）
3.2 王恩洋、周叔迦：因明入正理论释（二种）

西方哲学经典影印

01. 第尔斯（Diels）、克兰茨（Kranz）：前苏格拉底哲学家残篇（希德）
02. 弗里曼（Freeman）英译：前苏格拉底哲学家残篇
03. 柏奈特（Burnet）：早期希腊哲学（英文）
04. 策勒（Zeller）：古希腊哲学史纲（德文）
05. 柏拉图：游叙弗伦 申辩 克力同 斐多（希英），福勒（Fowler）英译
06. 柏拉图：理想国（希英），肖里（Shorey）英译
07. 亚里士多德：形而上学，罗斯（Ross）英译
08. 亚里士多德：尼各马可伦理学，罗斯（Ross）英译
09. 笛卡尔：第一哲学沉思集（法文），Adam et Tannery 编
10. 康德：纯粹理性批判（德文迈纳版），Schmidt 编
11. 康德：实践理性批判（德文迈纳版），Vorländer 编
12. 康德：判断力批判（德文迈纳版），Vorländer 编
13. 黑格尔：精神现象学（德文迈纳版），Hoffmeister 编
14. 黑格尔：哲学全书纲要（德文迈纳版），Lasson 编
15. 康德：纯粹理性批判，斯密（Smith）英译
16. 弗雷格：算术基础（德英），奥斯汀（Austin）英译
17. 罗素：数理哲学导论（英文）
18. 维特根斯坦：逻辑哲学论（德英），奥格登（Ogden）英译
19. 胡塞尔：纯粹现象学通论（德文1922年版）
20. 罗素：西方哲学史（英文）
21. 休谟：人性论（英文），Selby-Bigge 编
22. 康德：纯粹理性批判（德文科学院版）
23. 康德：实践理性批判 判断力批判（德文科学院版）
24. 梅洛－庞蒂：知觉现象学（法文）

西方科学经典影印

1. 欧几里得：几何原本，希思（Heath）英译
2. 阿基米德全集，希思（Heath）英译
3. 阿波罗尼奥斯：圆锥曲线论，希思（Heath）英译
4. 牛顿：自然哲学的数学原理，莫特（Motte）、卡加里（Cajori）英译
5. 爱因斯坦：狭义与广义相对论浅说（德英），罗森（Lawson）英译
6. 希尔伯特：几何基础 数学问题（德英），汤森德（Townsend）、纽苏（Newson）英译
7. 克莱因（Klein）：高观点下的初等数学：算术 代数 分析 几何，赫德里克（Hedrick）、诺布尔（Noble）英译

西方人文经典影印

01. 拉尔修：名哲言行录（希英对照）[待出]
02. 弗里曼（Freeman）英译：前苏格拉底哲学家残篇
03. 卢克莱修：物性论，芒罗（Munro）英译
爱比克泰德论说集，马可·奥勒留沉思录，乔治·朗（George Long）英译
04. 西塞罗：论老年 论友谊（拉英对照）[待出]
05. 塞涅卡：道德文集（拉英对照）[待出]
06. 波爱修：哲学的慰藉（拉英对照）[待出]

07. 蒙田随笔全集，科顿（Cotton）英译
08. 培根论说文集（英文）
09. 弥尔顿散文作品（英文）
10. 帕斯卡尔：思想录，特罗特（Trotter）英译
11. 斯宾诺莎：知性改进论 伦理学，埃尔维斯（Elwes）英译
12. 贝克莱：人类知识原理 三篇对话（英文）

13. 马基亚维利：君主论，马里奥特（Marriott）英译
14. 卢梭：社会契约论（法英），柯尔（Cole）英译
15. 洛克：政府论（下篇） 论宽容（英文）
16. 密尔：论自由 功利主义（英文）
17. 潘恩：常识 人的权利（英文）
18. 汉密尔顿、杰伊、麦迪逊：联邦论（英文）[待出]
19. 亚当·斯密：道德情操论（英文）[待出]
20. 亚当·斯密：国富论（英文）

21. 荷马：伊利亚特，蒲柏（Pope）英译
22. 荷马：奥德赛，蒲柏（Pope）英译
23. 古希腊神话（英文）[待出]
24. 古希腊戏剧九种（英文）
25. 维吉尔：埃涅阿斯纪，德莱顿（Dryden）英译
26. 但丁：神曲（英文）
27. 歌德：浮士德（德文）
28. 歌德：浮士德，拉撒姆（Latham）英译
29. 尼采：查拉图斯特拉如是说（德文）
30. 尼采：查拉图斯特拉如是说，康芒（Thomas Common）英译
31. 里尔克：给青年诗人的十封信 杜伊诺哀歌 致俄耳甫斯的十四行诗（德文）
32. 加缪：西西弗神话（法英），贾斯汀·奥布莱恩（Justin O'Brien）英译
33. 荷尔德林诗集（德文）
34. 普鲁塔克：希腊罗马名人传，德莱顿（Dryden）英译

唯识学丛书

01. 周叔迦：唯识研究
02. 唐大圆：唯识方便谈
03. 慈　航：成唯识论讲话
04. 法　舫：唯识史观及其哲学
05. 吕澂唯识论著集
06. 王恩洋唯识论著集
07. 梅光羲唯识论著集
08. 韩清净唯识论著集
09. 王恩洋：摄论疏
10. 王恩洋、周叔迦：唯识二十论注疏（二种）
11. 王恩洋、周叔迦：因明入正理论释（二种）
12. 无著、世亲等：唯识基本论典合集
13. 太虚、欧阳竟无等：唯识义理论争集
14. 王夫之、废名等：诸家论唯识
15. 熊十力等：新唯识论（批评本）
16. 太虚唯识论著精选集
17. 唯识所依经三种合刊（藏要本影印）
18. 唯识十支论 · 无著卷（藏要本影印）
19. 唯识十支论 · 世亲卷（藏要本影印）
20. 成唯识论（藏要本影印）
21. 田光烈唯识论著集
22. 欧阳竟无：唯识讲义
23. 罗时宪：唯识方隅
24. 倪梁康：八识规矩颂注译（二种）
25. 杨廷福：玄奘年谱
26. 金陵刻经处大事记长编（1864—1952）
27. 成唯识论（金陵本影印）

禅解儒道丛书

1—2. 憨山：老子道德经解　庄子内篇注
3—4. 蕅益：四书蕅益解　周易禅解
5. 杨仁山：经典发隐　　欧阳竟无：孔学杂著 [待重印]
6. 马一浮：老子注　　章太炎：齐物论释 [待重印]
7. 张纯一：老子通释　阴符经真解

中国近现代哲学

01. 熊十力：新唯识论（批评本）
02. 胡　适：说儒
03. 马一浮：泰和宜山会语　法数钩玄
04. 汤用彤讲西方哲学
05. 国学到底是什么
06. 阳明心学得失论
07. 熊十力：心书　尊闻录
08. 王恩洋：新理学评论　儒学中兴论
09. 太虚讲国学哲学
10. 王国维哲学论著集
11. 章太炎文选
12. 梁启超：新民说
13. 谭嗣同：仁学
14. 鲁　迅：坟　热风

徐梵澄著译选集

1. 尼采自传（德译汉）
2. 薄伽梵歌（梵译汉）
3. 玄理参同（英译汉）
4. 陆王学述
5. 老子臆解
6. 孙波：徐梵澄传

中国古代哲学典籍丛刊

1. 〔明〕王肯堂 证义，倪梁康、许伟 校证：成唯识论证义
2. 〔唐〕杨倞 注，〔日〕久保爱 增注，张觉 校正：荀子增注
3. 〔清〕郭庆藩 撰，黄钊 著：清本《庄子》校训析
4. 张纯一 著：墨子集解

西方汉学经典影印

1. 〔英〕修中诚（Hughes）译：古典时代的中国哲学（英文）

印度经典影印

1. 〔英〕策纳（Zaehner）译：印度圣典（吠陀 奥义书 薄伽梵歌，英文）

崇文学术译丛·西方哲学

01.〔英〕斯退士 著，鲍训吾 译：黑格尔哲学
02.〔英〕斯退士 著，庆泽彭 译：批评的希腊哲学史
03.〔法〕笛卡尔 著，关文运 译：哲学原理 方法论
04.〔德〕康德 著，关文运 译：实践理性批判
05.〔英〕休谟 著，周晓亮 译：人类理智研究
06.〔英〕休谟 著，周晓亮 译：道德原理研究
07.〔美〕迈克尔·哥文 著，周建漳 译：于思之际，何所发生
08.〔美〕迈克尔·哥文 著，周建漳 译：真理与存在
09.〔法〕梅洛－庞蒂 著，张尧均 译：可见者与不可见者
10.〔日〕慎改康之 著，叶晨阳 译：米歇尔·福柯：一种挣脱自我的哲学尝试

语言与文字

01.〔法〕梅耶 著，岑麒祥 译：历史语言学中的比较方法
02.〔美〕萨克斯 著，康慨 译：伟大的字母
03.〔法〕托里 著，曹莉 译：字母的科学与艺术
04.〔英〕麦克唐奈（Macdonell）：学生梵语语法
05.〔法〕迪罗塞乐（Duroiselle）：实用巴利语语法
06.〔美〕艾伦（Allen）、格里诺（Greenough）：拉丁语语法新编
07.〔英〕威廉斯（Williams）：梵英大词典
08.〔美〕刘易斯（Lewis）、肖特（Short）：拉英大词典
09.〔丹麦〕叶斯柏森（Jespersen）著：语法哲学
10.〔瑞士〕索绪尔（Saussure）著，〔美〕巴斯金（Baskin）译：普通语言学教程

武内义雄文集

1. 中国思想史　　2. 论语之研究
3. 老子原始　　4. 中国学研究法

生命文化丛书

1. 谢　观：中国医学源流论

出品：崇文书局人文学术编辑部
联系：027-87679738，mwh902@163.com